宋词背后那些有趣的灵魂

乔娟◎著

中国人民大学出版社
·北京·

图书在版编目（CIP）数据

宋词背后那些有趣的灵魂／乔娟著．—北京：中国人民大学出版社，2021.1

ISBN 978-7-300-28728-7

Ⅰ．①宋…　Ⅱ．①乔…　Ⅲ．①词人－生平事迹－中国－宋代②宋词－诗歌欣赏　Ⅳ．①K825.6②I207.23

中国版本图书馆CIP数据核字（2020）第208763号

宋词背后那些有趣的灵魂

乔娟　著

Songci Beihou Naxie Youqu de Linghun

出版发行	中国人民大学出版社		
社　　址	北京中关村大街31号	**邮政编码**	100080
电　　话	010-62511242（总编室）		010-62511770（质管部）
	010-82501766（邮购部）		010-62514148（门市部）
	010-62515195（发行公司）		010-62515275（盗版举报）
网　　址	http://www.crup.com.cn		
经　　销	新华书店		
印　　刷	涿州市星河印刷有限公司		
规　　格	165mm×235mm　16开本	**版　　次**	2021年1月第1版
印　　张	12.25	**印　　次**	2021年1月第1次印刷
字　　数	146 000	**定　　价**	45.00元

序

故园词如画，宋词中走出来的花样人生

宋代经济的高度发展催生了人性意识的觉醒和回归，人们开始关注生命质量，开始关注自身的幸福感和满足感。唐诗那种笔扫千军的气度悄然发生了变化，以另一种形式生成了别具一格的新文学式样。那些纯熟的技巧，细腻的词风，那些意象、抒情、境界，由小众而大众，由歌而思，由思而悟，由天由地由人由己，如花间柳下一缕微风吹拂的细雨，将柔肠百结的喜怒哀乐，浸透迷人香，在世人耳边轻轻扩散……无数人的力捧追逐，终使它由歌词而化为宋词，在抒怀与生命追问中，一跃登上了宋代文学高峰。

重文抑武是大宋的基本国策。皇子皇孙们牢记祖训，不事武举，不搞军备，而是崇尚奢华享乐。宋朝高层的厌战情绪与花钱买和平的倒退思想，使他们能够腾出充足的精力来发展经济。开放夜市、与周边国家通商等种种政策使大宋商贸发达，繁荣富足。在人性意识、文化艺术和科技创新等方面，宋代中国都走在世界前面。与此同时，大宋也是一个外侮频现、内乱不断的时代。在这样的大环境下，文人何以为求？曾经已走远，当下正迷惘，未来谁可知？大佬们纵酒欢歌，老兵们塞外思乡。看透的躲进小楼成一统，迷惘的泪眼问花花不语，行动派则忙着自助游。文人的引领使得宋朝的娱乐生活丰富多彩，男人戴花、品茶、斗酒，大街上瓦肆、酒楼随处可见，宠物店也接二连三地冒出。富裕的大宋王朝让文人们争着当小资：鲜花着锦，烈火烹油，佳肴美馔，鲜衣华服。每宴请，必现场演奏、现场献舞，这极大地催生了流行音乐的繁荣与兴盛。这一切，都以歌词的形式从

笔尖儿走了出来，为宋词的鼎盛做着递进式积累。

在这喧腾火热的背景下，文人的追求愈发多元：平民词人柳永，终生过着“才子词人，自是白衣卿相”的自由生活，一生专力写词；政治家晏殊登高感慨：“昨夜西风凋碧树，独上高楼，望尽天涯路。”仰望相同的方向，有人却看到了不一样的远方。苏轼受尽了官场苦难，可他照样“饮酒食肉自得仙”。他视愁如风，三分钟转身，又是一个热血青年。在被贬之地，他大搞基建，修桥打井、治理水患、疏通湖泊、成立孤儿院和医院，好事做尽，还不以为苦地向天下表白：“此心安处是吾乡。”另一个与他齐名的大家范仲淹，以奋发图强的精神改变了自身命运，之后开始关注芸芸众生。他和苏轼一样，都有一颗忧国忧民的仁慈心，都想追着发展的脚步让国家变得更好。他整盐业、守边防、办教育、做慈善，在追索中，精神境界愈加高尚，终发出“先天下之忧而忧，后天下之乐而乐”的时代最强音。视工作如命的王安石，力排众议，倾心改革；辛弃疾、陆游则怀着一颗烈烈爱国心，为多灾多难的国家奔波劳碌……大宋因这些人而发光发亮，而名耀后世。他们都有一个共同的身份：优秀的词家。这些词家都有一个普遍的共性：有趣，有担当！

高山大河，小桥流水，揽物入怀，伤春惜时……在词家眼里，一切都是风花雪月，一切都是似水流年衍生出来的岁月之歌。有气魄冲天的大歌：“大江东去，浪淘尽，千古风流人物。”有牵肠挂肚的情歌：“天涯地角有穷时，只有相思无尽处。”有哲理小调：“衣带渐宽终不悔，为伊消得人憔悴。”有婉约慢曲：“可惜明年花更好，知与谁同。”也有伤心独白：“零落成泥碾作尘，只有香如故。”……

宋词是风是雨，是花儿是蝶儿，是离愁恨也是生死劫。但终归，它还是一首歌！这首歌不止有悠扬的旋律、浪漫的情怀，它告诉我们：这世界，最惨烈的不是物质匮乏，而是精神无依。你要做的，就是努力把这一世活得丰富、有趣些。像苏轼那样，劫波渡尽真情在！然后漫不经心地宣布“竹杖芒鞋轻胜马，谁怕？一蓑烟雨任平生”。

目录

苏　轼　生活虐我千百遍，我待生活如初恋

黄庭坚　天才的追求你未必懂

辛弃疾　做不成英雄就做词帝

李清照　绝世才女有颗强大的心

陆　游　用一辈子去追梦

市井里弄未必不是舞台

柳永

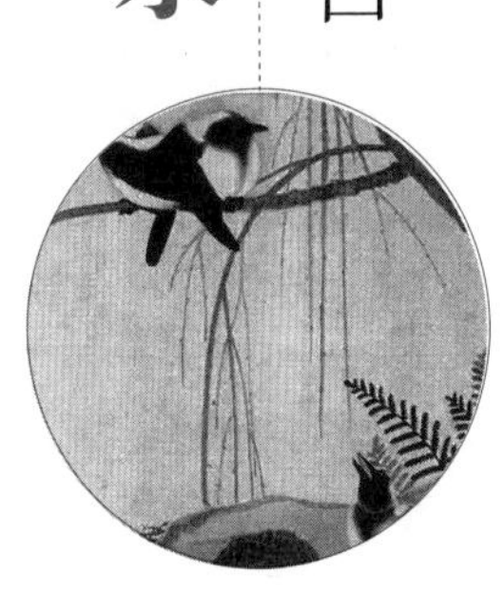

柳永出生于福建崇安一个官宦之家，原名柳三变，后改名永，由于家中排行第七，人又称柳七。因科考屡屡不顺，失意之下寄身风月场，做了『自由撰稿人』。辗转飘零的境遇，感同身受的底层生活，对他的词产生了深远影响。加之他好以俚语入词，开创了宋词先河，因而有『凡有井水处，皆能歌柳词』之说。他仕途不顺，赌气任性地过了一生，但无心插柳柳成荫，他为词体的发展做出了很大贡献。

初到大都市，跌落花花世界

柳永的性格潇洒不羁，自由率性，他喜欢游山玩水，更喜欢莺歌燕舞。公元1002年，柳永计划进京赶考，经由钱塘来到了杭州，这个从福建偏远小城镇出来的年轻人就像土包子进城，一路上被壮美河山和繁华都市迷得神魂颠倒，沉醉得迷失了自我。还考什么试！李白不说过吗：“人生得意须尽欢，莫使金樽空对月！”年轻就是得意的资本，这时不玩难道等老了对着空杯酒老泪么？他把考试一股脑儿地抛到背后，逗留杭州，日日陷落于纸醉金迷中。

听说老朋友孙何发了迹，时任两浙转运使，镇守杭州，柳永决定去拜访他。不管有没有帮助，人情社会，和官员走得近些就意味着朝中有人，储备点资源总是没坏处的。去了之后，谁料门口保安看柳永是个无名小辈，直接把他挡在了门外。柳永不信邪，不让见非要见，正面行不通那就曲线求见。

那时，词是名流间交往的名片，但凡有点身份，大家都以词来问路，一首好词就是最好的见面礼。柳永构思一番，以一首《望海潮·东南形胜》作名片：

东南形胜，三吴都会，钱塘自古繁华。烟柳画桥，风帘翠幕，参差十万人家。云树绕堤沙，怒涛卷霜雪，天堑无涯。市列珠玑，户盈罗绮，竞豪奢。

重湖叠巘清嘉。有三秋桂子，十里荷花。羌管弄晴，菱歌泛夜，嬉嬉钓叟莲娃。千骑拥高牙，乘醉听箫鼓，吟赏烟霞。异日图将好景，归去凤池夸。

杭州城的形貌、景色、繁华全在这首词里了，自己这样不遗余力地歌颂它，其实也是侧面肯定了老朋友的政绩呀！在没有实力的时候，有时恭维确实能开启一点好运，因此浪费点脑细胞没啥。可怎么能将它递到孙何手里呢？柳永找到当时最红的歌星楚楚，叮嘱道："孙何是我的老朋友，他事儿太多太忙，见他一面不容易。这样，下次你到他家宴会表演时，一定要把我这首词唱出来，孙何问起，你就说是柳七写的，这可是治疗他失忆症的良药，切记切记！"说完给了楚楚一大笔钱，又是一番千叮咛万嘱咐。

到了中秋节这天，孙何府上高朋满座，歌舞翩跹。楚楚靓丽的外貌、悠扬的歌声引来了热烈的掌声。她含笑望着大家，声若银铃般报出了这首词的作者。正喝得五迷三道的孙何一听"柳七"这二字，登时眼睛就亮了，他很激动，向楚楚打听一番后，立即差人请柳永前来。就这样，凭着一首好词，柳永终于见到了高高在上的老朋友。

好作品还得有好的宣传渠道，这首词经孙何的朋友圈一扩散，广为传诵，寂寞已久的文坛新星位置终于让柳永给补了缺。据传，金主完颜亮读了这首词之后，心里旋即起了渡江南侵之意，这恐怕是柳永没有想到的。

时间真心经不起浪费，7年后，柳永才觉得玩得差不多了，也浪荡够了，终于想起了正事。自己千里迢迢地从老家出来，原本是要赶考的呀！他决定收住心，以一匹黑马的姿态冲入考场，趁着《望海潮·东南形胜》的热度还在，先弄个金榜题名让世人开开眼。

名落孙山，牢骚成名

柳永当时所处的社会环境相对稳定。北宋与辽国签订了“澶渊之盟”，双方约定互不侵犯，加强贸易往来。没有战事侵扰，大量先进的生产工具问世，政府兴修水利，荒地得到开发，手工业大力发展……这些因素让百姓全都风风火火地投入生活，轰轰烈烈地想法挣钱。百姓的积极性一上来，经济发展得很快。没几年，北宋都城就一派繁华。

自古当政者都喜欢被文人歌功颂德，柳永也是投其所好，认为美化都市的富庶与美丽，那也就是从侧面肯定了皇帝的功绩，这么干肯定没错。谁能想到，真宗根本不按常理出牌，他早对奢靡的文风有意见了，于是针对考试风格来了个反其道而行之，下诏说，凡“属辞浮糜”皆要严厉谴责。柳永本来很自信，认为凭着自己的才华，“定然魁甲登高第”，谁能想到苦心孤诣地歌颂盛世却还落了榜，这让他很丧气。按常规思维，没考上，那就再考呗，反正有才华傍身，怕甚！再说哥年轻，输得起。可柳永却按捺不住，居然信口开河，大发牢骚。平庸之人发牢骚无非骂骂娘、骂骂街，实在不解气再蹦它三蹦。才子柳永发牢骚很安静，不蹦不跳，不声不响地提笔写词，纸上捅乾坤。因文笔太好，随便写写就将牢骚写成了名篇《鹤冲天·黄金榜上》：

黄金榜上，偶失龙头望。明代暂遗贤，如何向。未遂风云便，争不恣狂荡。何须论得丧？才子词人，自是白衣卿相。

烟花巷陌，依约丹青屏障。幸有意中人，堪寻访。且恁偎红倚翠，风流事，平生畅。青春都一饷。忍把浮名，换了浅斟低唱！

柳永的狂是不屑一顾、反叛沉沦的狂：既然机会不待见自己，为什么不趁花样年华随心所欲地玩乐？自己宁愿把功名换成手中美酒和耳边的笙歌！即使身着白衣也不亚于公卿将相！科举落榜对他的打击其实是沉重的，但内心的骄傲不能被挫败。他边发牢骚，也自我宽慰，顺便一点也不掩饰地表达了对风尘女子的同情和对王公贵族的鄙薄。

柳永的命运，真的就从这首词开始完全改变了。这个论调一出，天下皆知。皇帝更是连连冷笑：好小子，有种！他牢牢地记住了“柳永”这个名字。

发完牢骚，瘾过了，气也出了。春去秋来，柳永渐渐也清醒了。这词写得太随心所欲，皇帝他能饶过自己吗？在这种忐忑不安又心有不甘的心境下，柳永又冒出一首《如鱼水·帝里疏散》：

> 帝里疏散，数载酒萦花系，九陌狂游。良景对珍筵恼，佳人自有风流。劝琼瓯。绛唇启、歌发清幽。被举措、艺足才高，在处别得艳姬留。
>
> 浮名利，拟拚休。是非莫挂心头。富贵岂由人，时会高志须酬。莫闲愁。共绿蚁、红粉相尤。向绣幄，醉倚芳姿睡，算除此外何求。

上片写了自己自由自在、酒色相伴的生活。下片则转为情绪宣泄，表示“浮名利，拟拚休。是非莫挂心头”，世间多少事身不由己，暂且在花天酒地中得过且过吧。

柳永心底对科举还有热情，仕途梦还未完全破碎。虽然心情不太爽，他还是老老实实地在京城待了数年，不间断地复习，用功。他想再试试，看看皇帝到底能不能原谅自己的任性，自己的才华到底能不能征服皇帝。

抛却浮名，一脚闯进天涯

公元 1024 年，柳永第四次科考，开始一切很顺利，待皇帝圈点放榜时，继任的仁宗（此时由刘皇后垂帘听政）一看到“柳三变”的名字，说道：“你去浅斟低唱吧！何要浮名？”大笔一勾，把这条大鱼给抛了出去。这次打击彻底终结了柳永的科举梦，他对京城再无留恋。

官场失意，情场也出现了裂痕。他与女友虫娘喝着告别酒，以一首《雨霖铃·寒蝉凄切》终结了仕途梦：

寒蝉凄切，对长亭晚，骤雨初歇。都门帐饮无绪，留恋处，兰舟催发。执手相看泪眼，竟无语凝噎。念去去，千里烟波，暮霭沉沉楚天阔。

多情自古伤离别，更那堪，冷落清秋节！今宵酒醒何处？杨柳岸，晓风残月。此去经年，应是良辰好景虚设。便纵有千种风情，更与何人说？

这是柳永的代表作，也是婉约这一词派的代表作，将离情别绪描绘得情景交融，达到了完美境界。从此自己要和失意一刀两断，告别京城，告别意中人。前途无着的迷茫、与恋人分别的不舍，双重痛苦交织在一起，那种怀才不遇、身世飘零的孤独感，将读书人的心深深刺痛。这首词写出了那时知识分子的普遍境遇，引起了很多人的共鸣！可是，词再受欢迎，也抵不住长夜相思。

柳永形单影只地站在高楼上，靠着栏杆，心情很沮丧，真想一醉方休，然后两眼一闭，睡他个地老天荒！什么功名利禄、事业理想，统统见鬼去吧！然而，睡神不肯轻易光顾，很多时候，清醒都是一种来自精神上的惩罚。哪怕是酒醉昏睡，也强过带着伤痛的清醒。

蝶恋花·伫倚危楼风细细

伫倚危楼风细细，望极春愁，黯黯生天际。草色烟光残照里，无言谁会凭阑意。

拟把疏狂图一醉，对酒当歌，强乐还无味。衣带渐宽终不悔，为伊消得人憔悴。

漂泊天涯，最难挨的还是思念，思念那个梦中的她，落魄消瘦也不悔，为了她我情愿憔悴。这首《蝶恋花·伫倚危楼风细细》表达了情有独钟、专一执着的心念。这种对爱的不悔和执着，却被近代学者王国维用来形容古今做学问的第二种境界：为了理想，消瘦憔悴在所不惜。

一阵冷风吹过，柳永头一扬：既然官场拒我千里，从此市井就是我的天堂。今后，抛却浮名闯天涯！他毫不犹豫地扎到了市井，扎进了百姓堆里，专职低吟浅唱去了。

女歌手的金牌词作者

柳永本来就喜欢美女美食，喜欢热闹欢腾，喜欢一切歌舞流转、舞榭歌台。他在汴京、苏州、杭州辗转游荡，出入歌馆酒楼，过着快乐癫狂的流浪生活。他把楚馆青楼当成家，吃住都在里面，整天与那些名叫“花”“朵”“玲”“红”“兰”“翠”的姑娘们打打闹闹、笑做一处。这些流落风尘的女子不仅供给他吃喝，还无私地给予他经济上的资助。柳永在这里找到了长期饭票，找到了被鲜花与掌声包围的感觉，也找到了被追捧的幸福。他很陶醉，醉生梦死，逍遥快活。当然，不能白吃白喝白拿白占，他用手中的笔专职为这些女子写歌，以供她们在酒楼歌厅里为上流社会的达官贵人献唱，然后再用赚来的钱在他这里流通消费。

那时作家写爱情题材都是含蓄而委婉的，柳永则完全是民间打法，根本不受条条框框的约束。他的词语言露骨，题材大胆，大部分都是表现世俗女性直接而泼辣的爱情意识。这种文风受到了当时很多文化人的鄙夷。

锦堂春·坠髻慵梳

坠髻慵梳，愁蛾懒画，心绪是事阑珊。觉新来憔悴，金缕衣宽。认得这疏狂意下，向人诮譬如闲。把芳容整顿，恁地轻孤，争忍心安。

依前过了旧约，甚当初赚我，偷翦云鬟。几时得归来，香阁深关。待伊要、尤云殢雨，缠绣衾、不与同欢。尽更深、款款问伊，今后敢更无端。

情侣闹情绪，女子对负约不归的郎君埋怨数落。想着等他回来狠狠惩罚，使他今后再不敢造次。这种表达不似上层女子那样欲言又止、遮遮掩掩，明明委屈却又不肯降低姿态说出口。柳永这种通俗直白的风格赢得了大量粉丝，当然多是下层民众。

柳永的很多词都是替被遗弃或失恋的平民女子发声。以往的作家写词都离不开国家大事、个人心绪，柳永则是第一个将笔触向平民妇女内心世界的作者。

满江红·万恨千愁

万恨千愁，将年少、衷肠牵系。残梦断、酒醒孤馆，夜长无味。可惜许枕前多少意，到如今两总无终始。独自个、赢得不成眠，成憔悴。

添伤感，将何计。空只恁，厌厌地。无人处思量，几度垂泪。不会得都来些子事，甚恁底死难拚弃。待到头、终久问伊看，如何是。

他以女主人口吻，自叙失恋的痛苦和难以割舍的思念。这类表现女性心声的作品，配合着哀婉动人的曲调，加上歌伎如诉如泣的演唱，最容易搅动大众情感世界的波澜。南宋徐度在《却扫编》中评价柳永的诗：流俗人尤喜道之。柳永与风尘女子朝夕相处，熟悉她们的一切生活和情感。

定风波·自春来

自春来、惨绿愁红，芳心是事可可。日上花梢，莺穿柳带，犹压香衾卧。暖酥消、腻云亸，终日厌厌倦梳裹。无那，恨薄情一去，音书无个。

早知恁么，悔当初、不把雕鞍锁。向鸡窗、只与蛮笺象管，拘束教吟课。镇相随、莫抛躲，针线闲拈伴伊坐。和我，免使年少，光阴虚过。

该词描写青楼女子希望能锁住情人的马以留住他，之后他读书，自己做女红，现世安稳，岁月静好。该词将渴望世俗家庭生活的心理刻画得十分真挚。

柳永拿这些女子当朋友待，认为她们“心性温柔，品流详雅，不称在风尘”；欣赏她们“丰肌清骨，容态尽天真”的天然风韵；赞美她们“自小能歌舞”“唱出新声群艳伏”的技艺。柳永手执笔杆，不知疲倦地替这些女子表白脱离娼籍的愿望：“万里丹霄，何妨携手同归去。永弃却、烟花伴侣。”（《迷仙引·才过笄年》）。因为这样的艳词写得太多、太顺手，也太出色，柳永一路把自己写成了婉约派的创始人。

但柳咏的词风在当时遭到了很多非议，深为衣冠楚楚的高尚士大夫们所鄙弃，也未给他带来任何大的实质性的好处，反倒成为阻碍他进入官场的绊脚石。

柳永身为北宋鼎鼎大名的一代词家，记载了两千多人的《宋史·列传》中却没有提他半个字。这固然缘于宋仁宗那句“何要浮名”的影响力，但柳永本人大量的艳丽作品也是当世士大夫们不认可他的一个原因。那些官场名流和文坛领袖对他都是颇有微词。更深层的原因还是在于阶层：自认为高贵的上层贵族听不惯柳永“针线闲拈伴伊坐”那种小家小情的腔调，更看不惯他日日混迹于花街柳巷的低级做派。其实呢，宋代很多有身份者都会在花街混迹，不过人家善于隐蔽和掩盖，保密工作做得好，彼此间相视一笑，心照不宣罢了。只有柳永，高调而又张扬，大模大样地出入也便罢了，偏偏还要大张旗鼓地说出来、写出来。他太真实、太坦率，不装不遮，一切都晒在阳光下。柳永就这样成了众矢之的，被皇帝赶出仕途不说，也被后世史家驱逐于正史。

知天命之年当上了小官儿

官场关上了门，柳永更加全身心地游走于市井之间，生命和灵魂的大部分都只为歌女而歌。

停不下漂泊的脚步，找不到感情的归宿，那种苦楚谁人理解？漫游渭南时，那种漂泊行役、辗转为生计的艰难，浓烈的怀乡之情、相思之苦，不知为何，俱涌心头。

八声甘州·对潇潇暮雨洒江天

对潇潇暮雨洒江天，一番洗清秋。渐霜风凄紧，关河冷落，残照当楼。是处红衰翠减，苒苒物华休。唯有长江水，无语东流。

不忍登高临远，望故乡渺邈，归思难收。叹年来踪迹，何事苦淹留。想佳人妆楼颙望，误几回、天际识归舟。争知我，倚阑杆处，正恁凝愁！

不久后，柳永来到成都，后又沿长江向东，过湖南、抵鄂州。一路游历一路写，夜深人静时，仕途之梦一次次浮现出来，滋扰着他的心。人似乎有个通病，只要还为当初许下的那个心愿魂牵梦绕，且一直没有实现，不管它经过多少岁月轮转，总会在某一个不经意的瞬间，猛然跳出来敲击你的灵魂。那一刻，你会在心底狠狠地发誓：哪怕是吃再多的苦，也要圆了这个梦！柳永曾经以为这辈子就这样了，然而，经过了这么多年，原来梦还在。那个梦太根深蒂固了，他虽留恋情场，但最渴望的依然还是官场。虽然仕途一次次对他关上大门，但他总有些不死心，总觉得如果不把才华付诸梦想、付诸官场，太对不起自己午夜梦回时的叩问！再试试吧！

公元 1034 年，宋仁宗终于熬到了亲政这一天。他烧的第一把火就是特开恩科，对历届落榜生一律宽大处理。50 岁的柳永闻讯，像个少年一般兴奋，立即由鄂州赶赴京师。经过考试，这一次他终于榜上有名。人生暮年，有喜至此，夫复何求？柳永欢欣鼓舞，先后任睦州团练推官、昌国州（今浙江定海）盐场监官、泗州判官等职，每一任政绩都不错。

公元 1043 年，他本可升官，但当政的宰相晏殊不喜欢他，认为他是个浪荡之人，不予考虑。后来，柳永给朝廷进献了新词《醉蓬莱·渐亭皋叶下》：

渐亭皋叶下，陇首云飞，素秋新霁。华阙中天，锁葱葱佳气。嫩菊黄深，拒霜红浅，近宝阶香砌。玉宇无尘，金茎有露，碧天如水。

正值升平，万几多暇，夜色澄鲜，漏声迢递。南极星中，有老人呈瑞。此际宸游，凤辇何处，度管弦清脆。太液波翻，披香帘卷，月明风细。

漂泊了这么多年，柳永骨子里还是最初那个想博得皇帝好感的年轻人。他用尽笔墨，极尽所能地歌颂了皇帝，以期能够得到皇帝的原谅和好感。可是，他拍马屁的功夫并不精湛。当时正值秋季，天地萧索，仁宗皇帝读到“渐”字时就觉得凄凉，面露不悦；当读到“此际宸游，凤辇何处”时，简直气坏了，这不与他当初写给老爹真宗的挽联如出一辙嘛；等读到“太液波翻”时，更觉大不吉利，把词作一把扔到了地上。柳永就这样又上了黑名单。

直到范仲淹拜参知政事，颁行庆历新政，重订官员磨勘之法，柳永的命运才出现了一丝转机。他再次上书，这回终于等到了命中贵人，就任宰相的范仲淹不在乎他是情场高手，也不在乎他曾经在什么地方颓废，只要文章写得好、能干事就行了。于是，柳永遂改官为著作佐郎，授西京（长安）灵台山令。

平民词帝，终究孤独

故地重游，感慨是少不了的。长安古道，往事历历在目。旧日浓情蜜意欢唱低吟的情人们都在忙着取悦新主，一起诗酒歌舞的老友也全都不知隐在哪里唱歌。长安啊，再也不复当年盛景。

少年游·长安古道马迟迟

长安古道马迟迟，高柳乱蝉嘶。夕阳岛外，秋风原上，目断四天垂。

归云一去无踪迹，何处是前期？狎兴生疏，酒徒萧索，不似少年时。

权力者是谨慎的，无论当年的浪子如今是否脱胎换骨，是否判若两人，权力者都不会轻易改变印象。柳永虽然政绩不错，但直至晚年，一直都在地方小吏的位置上打转，当的最大的官儿不过是屯田员外郎。直至生命的最后，他都一直被主流嫌弃，导致财运一直都和他躲猫猫，口袋常年如一日地干瘪，清汤寡水、穷困潦倒的日子像影子一样亲密相伴。

这个用尽一生追梦，足迹踏遍大江南北的词人，以多愁善感、细腻敏感的心，使宋词的表现手法更为丰富。他写了很多长词（慢词），那些缠绵悱恻、叙事缓慢的长艳词成就了他婉约派掌门的地位，但也束缚了他迈向仕途的脚步。他的词在标榜高尚的同时代人眼里是不入流的。但柳永的功底在这些词中得到了尽情展示，它们虽俗艳，却充斥着深邃的人生哲理。他的词中有开阔辽远的景物，有平凡细碎的生活，也有都市的繁华锦

绣；既勾勒官宦之居，也描绘市井体验。他的笔写尽汴京盛景、苏杭风貌以及大江南北各处的风俗人情。这些词大多在歌女间流转，正因为她们的口口相传，才得以完整地保留至今，从而将千年前北宋的一角，真真切切地推到了今人面前。

在这些作品中，那个行进在寂寞人间、被萍水情缘包围的孤独灵魂时时发出沉重的叹息，传递着他的不甘。公元1053年，柳永闭上了双眼。因为一直拮据，他没有留下余钱料理后事。生前那些红颜知己闻知此事，集资募捐，出钱出力。柳永把市井当舞台，为她们写了一辈子歌。现在，她们为柳永写最后一支歌："不愿穿绫罗，愿依柳七哥；不愿君王召，愿得柳七叫；不愿千黄金，愿得柳七心；不愿神仙见，愿识柳七面……"在吹吹打打中，歌女们风风光光地送走了柳永。

最后的时刻，柳永是幸福的吧？不管怎样，他有舞台，虽然这个舞台没有给他带来飞黄腾达，没有让他光宗耀祖，但这个舞台成全了他的心意、他的自由。不管是快乐多于苦痛，还是苦痛盖过了幸福，毕竟，他的心曾与它紧紧地贴在一起。

生前，他用作品成就了歌女；死后，歌女用道义成全了他。世间每种因缘际会，是否都如这般兜兜转转，因果相循呢？

瑰丽人生美如词

晏殊

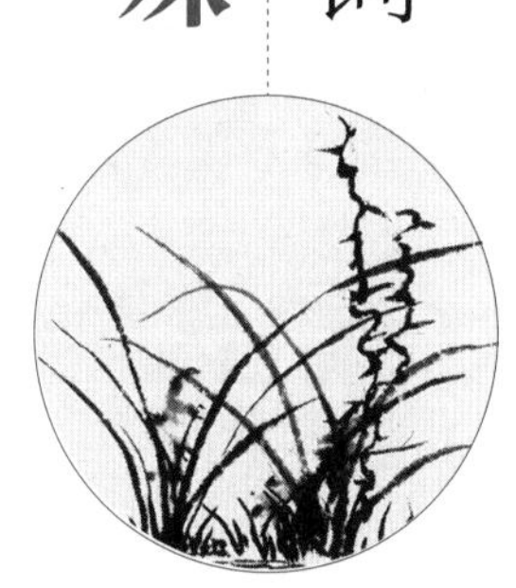

晏殊一生权钱皆有，日子过得丰赡华美。自从14岁以神童身份入朝被赐同进士出身起，晏殊在官场上一路扶摇直上。除了有短暂的三次被贬经历，终其一生，晏殊担任的全是显职要职。他平素不是优游于舞榭歌台，就是漫步在花前月下。这让他作词笔调闲适，遣句雅丽，哲理深邃，韵律优美，终成词坛名将、婉约派大家。后世将他与其子晏几道并称『大晏小晏』将他与欧阳修并称『晏欧』。

品性是打开事业之门的钥匙

听说江西人晏殊 5 岁就能创作，是个小神童，江南按抚张知白很是感兴趣，特地将他召来一试究竟，果觉名不虚传。张知白又心动又满意，生出官员的伯乐之心：既可为国揽才，也能把人才笼至自己麾下，是个利国利民利人利己的好事。张知白马上把晏殊当做神童推荐给朝廷。

第二年，14 岁的晏殊和全国各地数千名考生同时入殿参加考试。在精英荟萃的大场面中，来自乡村的少年晏殊却从容自若，毫不怯场，很快就完成了笔试。宋真宗对这个机灵的少年很是喜欢，赐同进士出身。宰相寇准一向认为南方人惯会投机取巧，要小聪明，心里极其厌恶。他对皇帝进言："殊，外地人。"提醒皇帝不能这么优待南方人。皇帝不太高兴："张九龄难道不是外地人吗，不照样做贤相？"寇准排斥南方人，最后自己把自己弄成了南方官员的公敌，后来受到了出身南方的皇帝宠臣王钦若无情的打击报复。戴着有色眼镜看人付出的代价太大。

两天后，朝廷又进行诗、赋、论大考，题目是《诗论赋》。晏殊一看马上上奏："我曾经做过这些题，请用别的题来测试我。"但凡走进考场者，内心都是忐忑的。面对熟悉的考题，不赶紧答，还要求换题目，这小子的脑袋八成让驴踢过。这样的"傻子"考什么试！可这个"傻子"再度引起了真宗的激赏：这孩子品性真好，诚实可爱，稀有品种。于是，真宗授其秘书省正事，留秘阁读书深造。这是把晏殊当宰相胚子来培养的前奏。晏殊很知道珍惜，在这个岗位上不断加强学习，扩大交友圈，深得大学者、直史馆陈彭年器重。两年后，真宗又对他亲自考试，很满意，于是升任他

为太常寺奉礼郎、光禄寺丞等职。

如果说这时晏殊的一系列上升是在不谙人事的情况下，出于少年人的天真纯洁、不老成、不世故的原因而被赏识，那么，成年之后的晏殊，身上依然完整地保留着真诚纯朴的良好品性，就完全可以认定，他是天生的本性好，而并非年少幼稚或其他原因。

天下太平无事，皇帝就高兴，一高兴就开恩发福利。皇帝的福利很人性化：容许百官各择胜景之处欢唱宴饮。太给力了！以前都是偷偷摸摸地玩，这回下红头文件让玩，朝臣士大夫们可算是再也不用遮遮掩掩了，于是召集歌伎舞女，日日笙歌，烂醉如泥。那些市楼酒馆谁不明白官家买卖好做，全都大开方便之门，广设包间雅舍，尽一切能事为官员们提供最舒适的条件。晏殊工作年头不深，手头根本也没攒下几个钱，他也想出去潇洒潇洒，长长见识，开开眼，奈何兜里没银子，只能老老实实待在家里，与兄弟们讲习诗书，弄墨为乐。没想到这再一次给他带来了幸运。

皇宫中要给太子选讲官，皇帝根本不顾大臣提名，直接御点晏殊上任。大臣们很不服，私底下嘀嘀咕咕。皇帝的理由天衣无缝："最近馆阁大臣们都忙着吃喝玩乐，一天到晚花天酒地，只有晏殊与兄弟闭门读书，这么忠厚刻苦的人，正可教习太子读书。"大臣们听了面面相觑，根本没话说。更令人惊异的是晏殊的态度。皇帝曾当面告知任命他的原因，晏殊连客套都没有，只说："为臣并非不喜欢宴游玩乐，只是家里太穷没钱出门。臣如果有钱，恐怕会玩得比他们起劲！"皇帝听了，更加欣赏他的诚实。

后来，晏殊能够在仁宗时期荣登宰相之位，除了才华，品性也占了高分。某些时候，良好的品性就是打开事业之门的钥匙。

身份与佳作互为影响

每个人的作品都带着其特定的生活烙印。柳永一生漂泊，纵使词再香艳也透着羁旅愁苦；范仲淹始终忧怀天下，作品能读出满满的仁爱；王安石理性务实，字里行间表现出来的是深厚的哲理性；一生富贵雍容少坎坷的晏殊笔下则充溢着富足、闲适的伤春悲秋、赠客答友。晏殊的词中没有大起大落、雄伟浩瀚，而是从容优雅、平静含蓄。他历任高官，身份原因使他不能像其他人那样随意地放飞情感，这份自我约束让他的词中的哲理有一种欲说还休之感，只隐隐地表达，点到为止。

晏殊所处的时代社会安定，士大夫们因循守旧，崇尚奢华，以宴游为乐，通宵达旦地宴饮是常态。在晏殊眼里，词就是宴会的点缀、娱乐的工具。尽管他的词题材狭窄、内容空洞，但其遣词造句的能力的确是强，虽是风格柔靡的华美之词，但不乏佳作。

晏殊到杭州视察工作，途经扬州大明寺时，看到“诗板”上有一首题为《扬州怀古》的诗，一打听是时任扬州主簿的王琪所作，马上邀他过来切磋。晏殊望着晚春落花说：“我有一个‘无可奈何花落去’的上句，但下句一直没着落。”王琪想了想：“用‘似曾相识燕归来’如何？”晏殊兴奋不已，魂牵梦绕的《浣溪沙·一曲新词酒一杯》终于完整出炉：

一曲新词酒一杯，去年天气旧亭台。夕阳西下几时回？

无可奈何花落去，似曾相识燕归来。小园香径独徘徊。

这是晏殊最为脍炙人口的词，情中有思，思中有理。明为怀人而不着一句怀人之语。虽为“闲愁”，但感念时光易逝的同时又慨叹宇宙的广阔无限。这份于平淡中见功力的笔触，怕是世间最深刻的“闲愁”吧。

他的《木兰花·绿杨芳草长亭路》虽写情事，但也有这种哲理性：

绿杨芳草长亭路，年少抛人容易去。楼头残梦五更钟，花底离愁三月雨。

无情不似多情苦，一寸还成千万缕。天涯地角有穷时，只有相思无尽处。

长盛不衰的闺怨在晏殊这里却不施藻饰，没有典故，完全通过白描手段反映出思妇的心思，将难以言宣的相思之情表达得恰到好处。晏殊的很多小词都带着这种浓厚的愁绪，于平凡中透着别样的深刻。

晏殊担任京兆尹时，曾纳一个年轻女子为小妾。夫人出于妒忌，偷偷将其卖了。晏殊对该女子始终念念不忘，曾做《蝶恋花·帘幕风轻双语燕》以寄相思：

帘幕风轻双语燕。午醉醒来，柳絮飞撩乱。心事一春犹未见。余花落尽青苔院。

百尺朱楼闲倚遍。薄雨浓云，抵死遮人面。消息未知归早晚。斜阳只送平波远。

午睡醒来，院内风轻燕语、柳絮乱飞、花落青苔，暮春将逝。倚楼眺望，远方的人儿何时归？

晏殊的另一首名词《蝶恋花·槛菊愁烟兰泣露》却一反此平静之风，转而以悲壮口吻道来：

槛菊愁烟兰泣露。罗幕轻寒，燕子双飞去。明月不谙离恨苦，斜光到晓穿朱户。

昨夜西风凋碧树。独上高楼，望尽天涯路。欲寄彩笺兼尺素，山长水阔知何处。

一夜秋风将原本绿色的树木刮得残败凋零，“我”独自登上高楼极目远望。苍茫寥廓中，一条路消失在天涯。“我”想寄一封诗笺书信，山高水长，不知君在何处？虽是常态化的离愁别恨，但加上猎猎西风、高楼、天涯路，顿时山长水阔的壮美之感扑面而来。国学大师王国维很喜欢词中的“昨夜西风凋碧树，独上高楼，望尽天涯路”之句，他在《人间词话》里说：“古今之成大事业、大学问者，必经过三种之境界：‘昨夜西风凋碧树，独上高楼，望尽天涯路。’此第一境也。‘衣带渐宽终不悔，为伊消得人憔悴。’此第二境也。‘众里寻他千百度，蓦然回首，那人却在，灯火阑珊处。’此第三境也。”这可能是最具哲理的解读了。王国维之所以把晏词视为第一重境界，是取其登高望远、瞰察路径、明确方向之意。

大晏之词，浓浓的相思尽藏在欲说还休追问式的金句中。那种挥之不去的惆怅，一遍遍在心底浮荡。

清平乐·红笺小字

红笺小字，说尽平生意。鸿雁在云鱼在水，惆怅此情难寄。

斜阳独倚西楼，遥山恰对帘钩。人面不知何处，绿波依旧东流。

斜阳、遥山、人面、绿波、红笺、帘钩这些具象营造出了一个充满离愁别恨的意境，表达了对远方之人的深切思念。晏殊这种没完没了的怀念，终于让好朋友张先忍无可忍，他一路打听到晏殊被卖掉的小妾的消息，第一时间告知了晏殊。得知小妾的悲惨情形，晏珠心中不忍，托人又将她买了回来。

被破格提拔，荣升太子之师

公元 1008 年，晏殊任光禄寺丞（主管衙署内务）时，父亲不幸去世。他回到临川服丧，谁知服丧期未满就被皇帝召回：朝廷需要你，快回来。同时，真宗让人把他的老母亲接至京城供养。其母去世后，皇帝又提拔他为太常寺丞。27 岁那年，他又被真宗破格提升为太子舍人，这个职位不高，但相当有分量。太子舍人兼任着太子的秘书、伙伴、老师和朋友多重角色，可以说是对太子影响最大的人。皇帝着重培养晏殊，就是看中了他的品质和德性。事实证明真宗的眼光是精准的，晏殊当了 8 岁太子赵祯的老师，处处率先垂范，言传身教，给太子的处事方式和性格都带来了改变。这一期间，晏殊又荣升翰林学士、太子左庶子（为太子服务）。宋真宗把他完全当自己人，每遇到问题，就写张小纸条悄悄递给他。晏殊自守原则，每次皆以小纸条回复，高度默契。

后来，12 岁的赵祯即位，刘太后垂帘听政。晏殊一举粉碎了宰相丁谓、曹利用等人专擅朝政的企图，因功升任给事中。

“一人得道，鸡犬升天”是那时的传统。刘太后的亲戚仰仗着她这层关系，做了很多出格的事。晏殊看不惯，就说了几句。这引起刘太后的强烈不满，遂以晏殊不遵礼法之过，罢其枢密副使一职，将其贬出京城，任宣州知府。

在送别的饭局上，晏殊颇为感慨。一首《踏莎行·祖席离歌》写出了依依饯别情和别后幽远的相思情：

祖席离歌，长亭别宴。香尘已隔犹回面。居人匹马映林嘶，行人去棹依波转。

画阁魂销，高楼目断。斜阳只送平波远。无穷无尽是离愁，天涯地角寻思遍。

贬谪归来，依然热衷国事

公元1027年，在宣州（今安徽宣城）待了数月后，晏殊又转任应天府（今河南商丘）知府。在此期间，晏殊大力发展教育，扶持应天府书院。他邀请范仲淹主持书院工作，范仲淹也很尽心尽力，为朝廷培养了一大批优秀人才，这让周围充斥着赞美之声。

充实忙碌的生活让晏珠心情很好，笔下似乎能够听到笑声。

破阵子·春景

燕子来时新社，梨花落后清明。池上碧苔三四点，叶底黄鹂一两声。日长飞絮轻。

巧笑东邻女伴，采桑径里逢迎。疑怪昨宵春梦好，元是今朝斗草赢。笑从双脸生。

这是晏殊的一首经典词作。词人从旁观者的角度，描写春意盎然的日子里少女们嬉戏欢闹的情景。

渔家傲·越女采莲江北岸

越女采莲江北岸，轻桡短棹随风便。人貌与花相斗艳。流水慢，时时照影看妆面。

莲叶层层张绿伞，莲房个个垂金盏。一把藕丝牵不断。红日晚，回头欲去心撩乱。

采莲女在江边采莲，优雅的身姿、温婉的风情让人陶醉。这首词描述了大量的细节，刻画出少女们靓丽的容颜，以及因情爱萌动而产生的不安与烦躁的心情。

公元1032年，晏殊升任参知政事（相当于副宰相）。刘太后拜谒太庙时，有人建议她着衮冕前往。衮冕是皇帝参加祭天地、宗庙等重大庆典活动时穿戴用的正式服装。晏殊认为，身为太后这样穿着根本不符官制、礼制，因此固守原则，坚决反对。如此公开得罪刘太后，简直是主动找贬。这一站是亳州。

人都一样，只要在一个地方生活久了，就会产生感情，深深地扎下根，没有谁喜欢漂泊。接到被贬令，晏殊又写了一首《木兰花·燕鸿过后莺归去》为自己减压：

燕鸿过后莺归去，细算浮生千万绪。长于春梦几多时，散似秋云无觅处。

闻琴解佩神仙侣，挽断罗衣留不住。劝君莫作独醒人，烂醉花间应有数。

郁闷的词人发出了人生苦短、及时行乐的感叹！

五年后，晏殊回京任三司使。当时，党项族首领李元昊称帝，建立大夏国，时时侵犯大宋边境。晏殊并不计较皇室曾对自己的态度，仍全心全意地一心为公。他全面分析了当时的军事形势，奏请亲政后的仁宗后办了四件大事：第一，撤销太监监军，使军队统帅有权决定军中大事；第二，招募、训练强大的弓箭部队；第三，清理宫中长期积压的财物，资助边关军饷；第四，追回被各司侵占的物资，充实国库。由于他提出的这些举措，宋朝军队有了强力的保障，很快击退了西夏的进犯。

公元 1042 年，晏殊升为宰相。他本来就注重人才培养，升官后，更醉心于为国家选拔人才。范仲淹、王安石、孔道辅、韩琦、富弼、欧阳修都得到过他的提携。他与范仲淹一起，倡导地方教学改革，使京师及郡县全都设有官学，这就是“庆历兴学”。自五代以来，学校屡遭禁废，而晏殊打破了这种局面，开创了大办教育之先河。

好词如酒，承载失意

晏殊注重教育，也很开明。他大力支持范仲淹的“庆历新政”改革，仁宗在他的辅佐下，励精图治，意气风发，准备狠狠地将朝中那些奸佞之辈整治一番。不过，这些人的关系网太大，还没等皇帝出手，计划就被全盘打乱了。晏殊因撰修李宸妃（仁宗生母）墓志铭一事，遭孙甫、蔡襄弹劾。仁宗因晏殊对自己一直隐瞒生母的事有些生气，加之奸佞之辈添枝加叶的进谗，一气之下将晏殊贬谪。

晏殊愁闷得只好又写词排遣：

采桑子·红英一树春来早

红英一树春来早，独占芳时。我有心期。把酒攀条惜绛蕤。

无端一夜狂风雨，暗落繁枝。蝶怨莺悲。满眼春愁说向谁。

之后又作了首《诉衷情·数枝金菊对芙蓉》：

数枝金菊对芙蓉，摇落意重重。不知多少幽怨，和露泣西风。
人散后，月明中，夜寒浓。谢娘愁卧，潘令闲眠，心事无穷。

曲终人散，家事、国事、平生事一齐袭来……一面委屈又不敢直言，另一面忧国忧君又不得回朝，苦闷异常。

在《破阵子·燕子欲归时节》中，他又说："多少襟情言不尽，写向蛮笺曲调中。此情千万重。"在《清商怨·关河愁思望处满》里，愁更深。"关河愁思望处满，渐素秋向晚。雁过南云，行人回泪眼。双鸾衾裯悔展，夜又永、枕孤人远。梦未成归，梅花闻塞管。"这是首悲凉苍劲的远行者思乡词，不亚于唐代诗人李益的"不知何处吹芦管，一夜征人尽望乡"。晏殊喜欢以女子口吻写词，也许觉得这样更易表达那些不便表达的东西吧。对于被贬，再豁达，心里也是有疙瘩的。

心里不痛快的晏殊寄情于酒，有了酒就有了好词，好词就是失意人的药。

浣溪沙·一向年光有限身

一向年光有限身，等闲离别易销魂。酒筵歌席莫辞频。
满目山河空念远，落花风雨更伤春。不如怜取眼前人。

其实，命运于晏殊是慷慨的：少年得志，深受皇帝赏识，官场之路相当顺遂；虽被贬，但贬所都很富足，离京城都很近，比起那些被贬到苦寒之地的人强过无数倍。可生活优渥者的思维被优越感宠坏了，一向生活优渥，一点点下降都会认为是巨大的落差。生活的悲剧无非就是欲望得不到满足，或者是欲望得到了满足后忽然又失去了。晏殊暂时就是具有这样的悲剧心态。他悲怨年景有限，感叹世事无常，空间和时间的距离难以逾越，对美好事物的追寻总是徒劳，认为世事无常，最重要的就是牢牢地抓住片刻时光、有限的生命，好好爱怜眼前人。

有了这个认识，晏殊在这期间便不加节制地频繁聚会，借酒消愁，将及时行乐进行得多姿多彩。又一首经典的《踏莎行·小径红稀》问世：

小径红稀，芳郊绿遍，高台树色阴阴见。春风不解禁杨花，蒙蒙乱扑行人面。

翠叶藏莺，朱帘隔燕，炉香静逐游丝转。一场愁梦酒醒时，斜阳却照深深院。

路边的红花日渐稀少，郊野被青草疯狂占据，春风不懂得去管束杨花柳絮，一任它们迷迷蒙蒙乱扑人面……醉酒后，被一场愁梦惊醒，一抹夕阳正斜照深深的庭院。

晏殊最喜欢仰望花海，觉得那是离幸福最近的地方。仰望得多，佳作也多。在这首《喜迁莺·花不尽》中，他写道："花不尽，柳无穷，应与我情同。觥船一棹百分空，何处不相逢。朱弦悄，知音少，天若有情应老。劝君看取利名场，今古梦茫茫。"表达了他超然自适的人生态度和对名利如梦的人生感慨。

丰润人生缘于独特的生命体验

晏殊自从进入官场，担任的都是重职要职，60 岁时依然身兼多职。可毕竟年纪不饶人，老年晏殊体弱多病，所有的雄心壮志在单薄的病体面前，都如同初冬时那薄薄的冰碴儿，轻轻一碰就碎了。他请求皇帝让自己回京师，以方便寻医问药，好好养病。经过一段时间的疗养，晏殊的身体状况大有好转，闲不住的他再次上书，请求出京为地方服务。皇帝考虑到他年龄太大，特地把他留下来为自己讲经释义，并给予了最大照顾：不用坐班，五天来一次即可，完全是宰相待遇。

谁料一年后，晏殊身体状况又出现了反复，日渐衰颓。宋仁宗让有关部门通知晏殊接驾，要亲自登门去看他。晏殊忙让家人准备，外甥说："历来皇帝看望大臣，御驾出宫，肯定会带上纸钱。因为得到探望的大臣必然病入膏肓，携带纸钱就如同前往吊唁。这样，大臣去世后，皇帝就不用再驾临了。"晏殊一听，这也太晦气了，皇帝一来就把自己看死了，不干！火速派人回复宋仁宗："微臣病体已略有好转，尚能吃能喝，就不劳烦陛下受累看望了。"刚说完这话才三天，晏殊突然就很不争气地进入了弥留状态，家人还没来得及通知仁宗，人就死了。

这让宋仁宗愧疚了很久：没能见老师最后一面，实在不应该。皇帝除了亲自前去哀悼，还特地罢朝两天。晏殊获赠司空兼侍中的官爵，赐谥号为"元献"，碑文上篆写"旧学之碑"四个字。

说晏殊是幸运者，不如说他用人格魅力和才华征服了皇帝。真宗和仁宗对他都很好。他从 35 岁任枢密副使开始一直升官，53 岁时任中书门下平章事、集贤殿学士兼枢密使，达到仕途顶峰。他唯贤是举，量才录用，政绩显赫，成就斐然。在政治上，除了因为撰修宸妃碑志铭一事被诬陷以外，没有大波折，仕途算是相当顺利的。

晏殊待人以诚，虽处富贵，但生活俭朴，并且乐于奖掖人才，做了许多有利于国计民生的大事。欧阳修表彰他兴办教育，"自五代以来，天下学废，兴自公始"。

每个成功者都有不被了解的心痛。晏殊 20 岁时就开始经历生死，对死亡有着超乎寻常的感受。晏殊 21 岁时，他 18 岁的弟弟晏颖和父亲先后去世；不久，母亲也随父而去。晏殊的第一任妻子李氏在成婚三年后便去世。第二任妻子孟氏在他 40 岁时离世。近在咫尺的死亡让晏殊悟尽人事无常，因此对人绝不苛责，对一切生命都怀有感情，对身边事物哪怕一朵花、一棵草的细微的变化都有会所感触。悲也好，喜也好，他一向是淡然待之，波澜不惊。这些都深深地影响着他的处世和为人，这是他一生没受苦的原因，也影响着他的词风，使他的词华丽中透着典雅、清新中又深蕴哲理，耐人寻味。

晏殊有“宰相词人”之称，千百年来，晏词得到了很多人的喜爱。他一生写了很多词，大都已经流失，只有100多首收录在《珠玉词》里。晏殊给自己的作品集取名“珠玉”，可以看出他性格的某个侧面：圆润中庸，处世老到。事实确实如此。从踏入官场那天起，他身边的斗争就如影随形。司马光与王安石的新旧党争，真宗时寇准和丁渭之间的是非黑白，仁宗时范仲淹和吕夷简的恩恩怨怨，晏殊身处其间，始终如履薄冰。他在官场中不左不右，一直居于中间派，既正直又能藏住锋芒，所以能够风雨不倒，一生都担任要职。

晏殊的词中常常出现徘徊的影像、淡淡的愁绪，可知他始终在保持着最大的克制。《珠玉词》是他的性格写照，也寄托着他的人生期望。

仁性之光照亮天下

范仲淹

史书对范仲淹的评价是北宋名臣，杰出的思想家、政治家、文学家、教育家。其实，他的文学作品在北宋词家中不算突出，但几首代表作却千古流芳，光照后世。他是第一个将边塞生活写入词作的宋代词人。他那篇酣畅淋漓的《岳阳楼记》，不仅表明了一个官员宽广的胸怀，更诠释了士大夫的人文情怀和终极追求，也是他一生命运的真实写照。他是史上把文学理想和杰出政绩完美地兼容于一身的实干家。

没伞的孩子更要努力奔跑

范仲淹两岁时，父亲就去世了。那时代的女人，失去了顶梁柱就塌了天。范母谢氏为了将儿女抚养成人，只好领着年幼的孩子改嫁朱文翰，范仲淹改名朱说。

朱家是当地富户，经商为生。朱说的几个异姓兄弟花钱如流水，挥霍无度。朱说对这种大手大脚的行为很看不惯，就劝了几句。谁知兄弟们不领情不说，还讥讽他："我自用朱氏钱，何予汝事？"朱说不明白这话从何说起，邻居悄悄告诉他："公乃姑苏范氏子也，太夫人携公适朱氏。"

猛然得知身世，朱说又震惊又痛苦。没有伞的孩子，必须努力奔跑。平静下来后，他在心里狠狠发誓：一定要考取功名，改回本姓，做堂堂正正的范家后代！为了锤炼自己，他谢绝了养父要他经商的机会，主动寄身醴泉寺，夜以继日地苦读。饿了熬锅粥，凉透之后用刀划成三块，每顿就着咸菜吃一块，这就是"划粥断齑"的来历。跑在时间前面的人总是比别人得到的更多，仅仅三年时间，朱说就把长山乡的书全读了个遍。为了在学业上更上一层楼，也为了摆脱寄人篱下的尴尬，23岁的朱说不顾母亲劝阻，离开长山，只携一琴一剑，来到了当时著名的高等学府——睢阳应天府书院读书。这个书院藏书丰富，老师学生都很优秀。朱说倍感珍惜，他白天学习，凌晨舞剑，拼命压缩睡眠时间。在《睢阳学舍书怀》中，范仲淹表达了自己志向和追求："白云无赖帝乡遥，汉苑谁人奏洞箫。多难未应歌凤鸟，薄才犹可赋鹪鹩。瓢思颜子心还乐，琴遇钟期恨即销。但使斯文天未丧，涧松何必怨山苗。"寄读他乡的生活是苦闷的。那种身世飘零之感，犹如无根可倚的白云，只能遥望故乡散发乡愁。虽然身处逆境，但不能像凤凰一样隐遁世外，而要积极进取，奋发向上。

有追求的人从来不把苦当苦，朱说处处俭省，同学看他吃得太差，就给他带饭，他拒绝的理由让人不忍再劝：我不能吃，一旦享受了美味，就再也吃不下粗食了。

公元 1014 年，迷信道教的宋真宗率领百官到亳州朝拜太清宫，路过南京（应天府，今河南商丘）。那时，皇帝是全民偶像，能见到他是一生的荣幸。一时万人空巷，竞相目睹。同学们拉着朱说的衣袖让他同去，朱说捧着书，淡淡地说："你们去吧，我早晚有一天会看见皇帝的。"对于目标坚定的人来说，自信缘于内心的坚守。

苦读五载，终于在公元 1015 年，朱说在科考中一举成为进士，顺利进入官场，真正与皇帝见了面。之后，他也有了朝廷俸禄，从此经济独立，扬眉吐气。朱说感谢了养父多年来对自己生活和经济上的支持，然后正式恢复范姓，改名范仲淹，把母亲接到了身边。随后，范仲淹被朝廷任命为广德军的司理参军，掌管讼狱。

越努力越幸运。范仲淹用青春和汗水跑出了一条属于自己的路，开始在政治舞台上大显身手，践行不为良医便为良相的理想。他在《瀑布》中，告诫自己要做个清官、好官。"迥与众流异，发源高更孤。下山犹直在，到海得清无。势斗蛟龙恶，声吹雨雹粗。晚来云一色，诗句自成图。"清直通透的瀑布从高山之巅直泻而下，气势磅礴，千回百转地流入大海时，是否还能保持清纯不污的本色？

解决了泰州的历史难题

范仲淹性格上追求完美：家中敬老孝亲，为人俭廉惜才，为官亲民忠直。这些特点表现在做事上就是重情重义、尽心尽力，有恒心，有毅力，事不成不罢休。

公元1021年，范仲淹被调往泰州作盐仓监官，负责当地的盐业税收。在视察民情的过程中，范仲淹见到泰州荒凉萧索、封闭落后。虽然来的时候有心理准备，但没想到如此破败不堪。范仲淹提笔写了《西溪书事》：

卑栖曾未托椅梧，敢议雄心万里途。
蒙叟自当齐黑白，子年何必怨江湖。
秋天响亮频闻鹤，夜海曈曨每见珠。
一醉一吟疏懒甚，溪人能信解嘲无。

一天，范仲淹在巡视盐场途中无意间见到盛开着的牡丹花，心中一阵狂喜，没想到在这偏僻之地竟然能看见牡丹。原来这是吕夷简在此地担任盐官时种下的，范仲淹即兴赋了一首《西溪见牡丹》：“阳和不择地，海角亦逢春。忆得上林色，相看如故人。”睹物思乡，他想家、想亲人……只有工作才是寂寞的克星，短暂的情感出离后，他很快收起相思。

通过数日考察，范仲淹发现：泰州和楚州、通州位于淮水以南，东临黄海，每当涨潮时，那条唐朝大历年间修筑的已有200多年历史的大堤就会被淹没。届时，沿途的田地道路、房屋民居全都泡在水里。等潮汐退去，只见房屋倒塌、道路破损。更为揪心的是，田地经海水冲刷后全都成了盐碱地、废地。沿途百姓无以为生，纷纷背井离乡讨生活。照这情形发展，不用多少时日，百姓就会逃光。没有了人，朝廷向谁收税？如果不从根源治理，无论民间还是朝廷都将蒙受巨大损失。

范仲淹痛心疾首，立即上书，建议在通州、泰州、楚州、海州沿海重修捍海堤堰。他在《赠张先生》中说："……素闻前哲道，欲向圣朝行。"表示愿意追随先哲的脚步，干出一番事业。可接连写了几封信，均石沉大海。学生时代，范仲淹就表现出执着坚毅的品格，他一而再、再而三地上书，终于感动上司，得到了时任江淮发运使张纶和淮南转运使胡令仪的大力支持。张纶奏请宋仁宗后，仁宗任命范仲淹兼任兴化县令，并负责主持修堤工程，范仲淹的好朋友滕宗谅（字子京）协助他开展工作。

范仲淹拿出自己的积蓄，在泰州以及通、楚、海四州共招募了 4 万民工，拉开了浩繁工程的大幕。在 100 多里的海岸线上施工，难度可想而知。这期间，范仲淹经历了种种考验：百姓闹事，朝廷要求停工；工程款告急；母亲去世，回家守孝，后期工程只能交给张纶和胡令仪负责。整整历时 4 年，终于修成了一条长 150 里的防护大堤。大堤修好后，泰州再也没有遭受过海潮威胁，逃难在外的 2 000 多户百姓纷纷回归。人们感念范仲淹的功绩，把大堤称作"范公堤"。一些百姓甚至抛掉祖宗姓氏，跟着范仲淹改姓范。

泰州于范仲淹有着特殊意义，在这里，他完成了步入仕途为百姓做的第一件大事；在这里，36 岁的他娶妻生子；在这里，他也留下了很多诗作：

归雁

稻粱留不得，一一起江天。

带雪南离楚，和春北入燕。

依依前伴侣，历历旧山川。

林叶程犹远，梅花信可传。

子规啼到晓，鹦鹉锁经年。

应羡冥冥者，东风羽翼全。

筑堤过程中那些困难和阻力还激发了范仲淹的隐士梦，他在《寄欧静秀才》中写道："君归一水遥，魂断木兰桡。赖有南轩竹，清风慰寂寥。"《古鉴》中则表达了自己澄明磊落的心境："磨此千年鉴，朱颜清可览。君看日月光，无求照人胆。"

一心为公，遭遇贬谪

范仲淹的务实能干流传开后，时任应天府知府的晏殊注意到了他，又听说他通晓经学，尤其对《易经》颇有研究，更是好感倍增，认为范仲淹是块治学的好材料，于是欣然邀请范仲淹协助自己的朋友戚氏主持应天府书院的教务工作。

为了方便工作，范仲淹干脆搬到学校住。他为学生制定了严格的作息时间，白天教书，晚上查寝，让学生作文前自己必先写一篇……种种先进的管理方法，使应天府书院的学风很快焕然一新，四面八方的求学者纷纷来投。这大大激发了范仲淹潜藏的爱才育才之心，他常常自掏腰包资助学子，搞得自家入不敷出。他推荐学子们出任朝廷学官，指点他们走上治学之路，甚至帮他们择业。穷秀才孙复就得到了范仲淹一千文钱和一份收入三千文钱的工作。感恩的种子自会生根发芽。十年后，这位孙秀才在泰山也广聚生徒，教授《春秋》。好老师带出好学生，好学生又会带动一方风气。范仲淹帮助过的胡瑗更是成为有宋以来教育界举足轻重的大咖，他先进的教育理念到今天还在被人研究，发挥着重要作用。其他学生如李觏、张载、石介等，都名震一方。

范仲淹所走的每一步，都踩在通往良相的道路上。在实践中，他愈发感到："国家之患，莫大于乏人。"救世济民，人才才是根本。因此，他把治学育人、帮人助人当成了一生的追求，每到一处都要在当地兴办教育，为国家储备了大量人才。江苏苏州、镇江，江西鄱阳，浙江绍兴，陕西彬县，河南邓州这些地方都曾留下范仲淹兴办学校、普及教育的足迹。与此同时，范仲淹丰富的经验也汇成了两部著名的教育论述著作：《南京府学生朱从道名述》和《邠州建学记》。教学之余，范仲淹并没有松懈对治国良策的探索，写下了著名的《上执政书》。

公元 1028 年，经晏殊推荐，范仲淹荣升秘阁校理，负责皇家图书典籍的校勘和整理工作。这个职务能经常接触到皇帝，稍稍动一点小心思，就能得到妥妥的金不换的肥差。可范仲淹愣是不懂得利用资源，他不谋官谋财，不广结人脉，只用这便利行使正直。他发现，年届二十的仁宗凡事都做不了主，一切听命于年已六旬的刘太后，而且朝廷每年都要拿出大量费用、出动百官为太后祝寿。强烈的使命感，让范仲淹觉得这样下去于国不利。于是，他写了《乞太后还政奏》，要求垂帘听政的刘太后退居幕后，请仁宗早日归政，并要求仁宗取消年年为刘太后祝寿的待遇。这个举动让仁宗倍觉知心，却让刘太后怒不可遏：贬！范仲淹用直言换来了职场生涯的第一次贬谪，调河中府（今山西永济县蒲州镇）任通判。晏殊有些担心，毕竟他是范仲淹的举荐提携者。范仲淹给晏殊写了封长信称："事君有犯无隐，有谏无讪。杀其身，有益于君则为之。"这种宁死不默的精神贯穿了他的一生。

虽处江湖之远，范仲淹依然不改忧国忧民本色，一直围绕着民本思想来履行职责。他频繁上疏议政，认为朝廷兴建太一宫和洪福院是大兴土木，劳民伤财，建议停工；他主张削减不称职的县令，降黜不称职的知州、通判，挑选一批精明强干的官员，澄清地方政治，为国家磐固基本。他在《周人》一诗中，阐述了国家兴废的关键在于顺天意、得民心：“斧钺为藩忍内侵，商人涂炭奈何深。不烦鱼火明天意，自有诸侯八百心。”这些合理化建议虽未被朝廷采纳，但仁宗心里有了他的位置。

对皇帝“不敬”，后果严重

公元1034年，刘太后去世，终于亲政的仁宗马上想到了被贬在外的范仲淹，立即启用他为右司谏，专门就政事提意见。当时，京东和江淮一带蝗虫肆虐，范仲淹奏请皇帝马上派人救灾，仁宗不理睬。范仲淹毫不客气地质问：“如果宫廷之中半日停食，陛下该当如何？”

仁宗的后宫很不太平，妃嫔们都对郭皇后不满，郭皇后奋起反击。频繁内斗让仁宗不胜其烦，他决定废掉郭皇后。皇帝的家事历来就不是他一个人的事，轻易废后，轻则引发各派系冲突，重则引起天下大乱。范仲淹最怕这个，他上书极力反对（上次是指责刘太后，这次又指责仁宗）。仁宗面子上很挂不住，贬！范仲淹被远放江外，做了睦州（今杭州淳安一带）知州。

范仲淹并不后悔，只是稍有不平。“重父必重母，正邦先正家。一心回主意，十口向天涯！”有人笑他好似屈原，他认为自己更像孟轲：“轲意正迂阔，悠然轻万锺！”

江南水乡以江苏松江四鳃鲈鱼最有名。西晋吴县人张翰入洛阳为官，想念家乡的莼菜羹和鲈鱼脍，遂发出“人生贵得适意尔，何能羁宦数千里以要名爵”的感叹。于是，这位哥工资不要了，官职不要了，驾着车就回了故乡。可见这鲈鱼的魅力！而范仲淹在《江上渔者》里则发出了这样的感叹：“江上往来人，但爱鲈鱼美。君看一叶舟，出没风波里。”他想到的不是鲈鱼的美味，也不是客人的尊贵，而是日夜战风斗浪的渔民的安危。究其一生，范仲淹始终心系苍生，爱民忧民，一辈子都未改民本思想的初衷。

在睦州干了几年后，范仲淹又到了苏州。因治水有功，拜尚书礼部员外郎，并获得天章阁待制（皇家图书馆文学侍从）的荣衔，随后被调回京师，升吏部员外郎，兼任开封知府。范仲淹恪尽职守，大力整顿，去除弊政，把各项工作安排得井井有条，仅仅几个月，开封府就“肃然称治”。但人事任用上存在不少问题，经过调查，他发现宰相吕夷简滥用职权，任人唯亲，于是绘制了一幅《百官图》呈给仁宗，痛陈人事腐败。范仲淹彻底得罪了吕夷简，再次被贬饶州（今江西鄱阳县）。

从开封到饶州，中间须经十几个州。官场中人已经习惯范仲淹一次次被贬，不再主动接待。范仲淹也已习惯于频频被从京官贬作地方官，一路写不停：

郡斋即事

三出专城鬓如丝，斋中萧洒胜禅师。
近疏歌酒缘多病，不负云山赖有诗。
半雨黄花秋赏健，一江明月夜归迟。
世间荣辱何须道，塞上衰翁也自知。

范仲淹已近天命之年。靠努力进入官场，却因正直屡次受挫。年轻时拼搏奋斗，当官时正直过度。过劳加上伤心，肺病乘虚而入。忧病交加之际，妻子李氏竟骤然病逝。一连串打击让范仲淹黯然神伤。老朋友梅尧臣得知这一切，很替他难过，但自己一没拳头，二没来头，怎么帮呢？唯一能拿出来的只有心灵鸡汤。梅尧臣写了首长长的《灵乌赋》，语重心长地劝诫这位不肯装糊涂的老朋友："你觉得自己忠君直言，却不知道一开口就被当作乌鸦叫，我劝你拴紧舌头，锁住嘴唇，除了吃喝，只管翱翔，什么事也不要管。既然飞进了官场这处老林子，就要乖乖做一只报喜鸟，不要像乌鸦那样只会报凶讯而'招唾骂于邑闾'"。范仲淹感激老朋友的关照，也知道自己这种作风不讨喜。可难道眼睁睁地见着那些不平事，任其发展吗？总得有人出头、有人吃亏。他知道，自己那种与生俱来的知识分子的强烈的责任感是改不掉的。他对梅尧臣斩钉截铁地表示："宁鸣而死，不默而生。"

文官为将，军旅生涯不是梦

在饶州待了一年，范仲淹先后被调到润州（今江苏镇江）和越州（今浙江绍兴）任知府。

公元 1038 年，北宋的安宁被打破。臣属于宋朝的党项族人在首领元昊的带领下建立大夏国，元昊率领十万军马侵袭宋朝延州等地。

由于宋代重文轻武的国策，导致武将奇缺。但这并不妨碍皇帝临时抱佛脚。公元 1040 年，仁宗任命 52 岁的文臣范仲淹为龙图阁直学士（皇家图书馆顾问）、陕西经略安抚使军事，调至前线抗击西夏。

从前一贬再贬，如今一升再升。范仲淹根本没时间适应角色调整的巨大反差，马不停蹄地挂帅延州。经过勘察，这个善于做事的文官发现了大量问题：宋军无论是官兵、战阵、后勤及防御工事等各方面，都存在严重弊端，如不改革只能被动挨打。经朝廷准奏，范仲淹对军队痛下猛药。调整后，军队的战斗力有了很大提高，很快就在边防线上形成了坚固屏障。

每个诗人的身体里都住着另一个最本真的自己。军务不忙时，范仲淹总喜欢望着外面发呆。

野色

非烟亦非雾，幂幂映楼台。

白鸟忽点破，残阳还照开。

肯随芳草歇，疑逐远帆来。

谁会山公意？登高醉始回。

满目秋色勾起的不只有凄凉，还有乡愁。不知亲人可安康，老友们是否安在？也不知这艰苦的行军生涯何时是个头？

苏幕遮·怀旧

碧云天，黄叶地。秋色连波，波上寒烟翠。山映斜阳天接水。芳草无情，更在斜阳外。

黯乡魂，追旅思。夜夜除非，好梦留人睡。明月楼高休独倚。酒入愁肠，化作相思泪。

这首词一问世即成北宋词坛的佳作。

公元 1042 年 3 月，范仲淹率众夺回了庆州西北的马铺寨。此举令西夏人佩服得五体投地，称呼他“小范老子”。连续操劳奔波，神经始终紧绷，待身心放松，惊觉已是早春！不畏惧寒意的山花勾起了范仲淹的灵感，他写下《城大顺回道中作》：“三月二十七，羌山始见花。将军了边事，春老未还家。”几多白发，几多皱纹，什么时候能回家啊？

边塞事务繁忙，范仲淹日夜操劳，还没好好地领略春光，秋天就来了。深夜挑灯夜读，词人全无睡意，自领兵以来，日夜操劳，自己与士兵们同甘共苦，防守危城。种种亲历，几多艰辛，他提起笔，《渔家傲·秋思》跃然纸上：

塞下秋来风景异，衡阳雁去无留意。四面边声连角起。千嶂里，长烟落日孤城闭。

浊酒一杯家万里，燕然未勒归无计。羌管悠悠霜满地。人不寐，将军白发征夫泪。

这是勾描家国天下事的大手笔，开阔苍凉的词中满是深沉悲壮，是宋代词海中的名篇。

范仲淹是仁者，不屑于钻营投机，只全心全意做事。做文官，他积极兴教办教，育人育才；如今统兵一方，他依然不忘为国家储备人才。西北军中不乏猛将，像狄青、种世衡皆有勇有谋，他加以爱护重用。他和士兵一起参加艰苦训练，与士兵同吃同住同甘共苦，严抓纪律，赏罚分明，体恤下属，赢得了士兵的普遍爱戴。一批批强悍敢战的士兵在他手下诞生，呼之能战，战之能胜。范仲淹不断地发现问题，随时对部队进行调整，使边境局势大为改观。西夏人说他“胸中自有数万甲兵”，再也不敢轻易侵犯。直到北宋末年，范仲淹治下的军队仍是一支名声赫赫的劲旅。

后来，西夏国内出现危机，部队军将之间矛盾重重，向宋朝投诚的人陆续不断。两国高层开始接触，希望尽快停止战争。

任劳任怨，做改革带头人

就在双方私下来往频繁时，大宋国内种种危机开始暴露。王伦、张海、郭邈山相继揭竿起义。起义军所到之处，各州县官员不是狼狈逃窜就是投降。面对官场中普遍存在的昏聩无能的境况，大臣们要求改革的声音一浪高过一浪。焦头烂额的仁宗皇帝在多方劝说下，终于下决心改革。可是由谁来执行呢？皇帝又想到了范仲淹。

范仲淹行走官场数十年，荣辱浮沉，历经坎坷，清正廉洁的本性始终未曾改变，尤其在前线率领军队遏制西夏侵扰的光荣事迹，使他声望日隆。加上一心为公三次被贬的经历，把范仲淹推上了道德大儒的位置。百姓奉他为神，官员称他圣人，都盼着他再为百姓谋福利，一时民心所向，“天下翘首以望太平”。不管战争还是内乱，范仲淹都被朝廷当作挡箭牌和大救星，为他们的安逸保驾护航。

公元 1043 年 8 月，仁宗提拔欧阳修为谏官，范仲淹担任副宰相，富弼、韩琦为枢密副史，开启改革大幕。

范仲淹很快写出了《答手诏条陈十事》，提出了十项改革主张。仁宗皇帝和大臣一致通过后，遂以诏令形式颁发全国，这就是“庆历新政”。之后，范仲淹又主持起草《任子诏》等重要文件，限制官员子弟世袭当官，打击“门荫”变种，取消太监特权。一时间，机构臃肿、官二代任职、官员升迁、科举考试等很多方面都得到了改观。宋夏之间也成功地签订了城下之盟，也称“庆历和议”。

形势越来越好，范仲淹干劲十足，提出加重宰相实权，提高行政效率，并派多路按察使分赴各地考核地方官员业绩，根据调查报告实行官员任免。范仲淹一向正直无私，公事公办。这种行为惹恼了一向养尊处优的特权阶级。朝堂官员、地方官员和大太监们暗中串通，攻击范仲淹拉帮结派、结党营私、扰乱朝廷。有宋一代，“朋党”是皇帝们最不愿面对的敏感地带，仁宗接到雪花般飞来的这些无中生有的负面报告后，最终还是动摇了，于公元 1045 年下诏废弃一切改革，恢复旧制。这场改革以一年零四个月的短暂存在而告终。一众革新派人士被逐出朝廷，范仲淹被贬至邠州（今陕西彬县）。

全心全意地付出，没想到改革理想还是抵不过利益集团之争，范仲淹怅然若失。他没有一味消沉，表示要“孜孜于善，战战厥心，求民疾于一方，分国忧于千里”。精神不倒，斗志常存。在《中元夜百花洲作》中，范仲淹写道：“南阳太守清狂发，未到中秋先赏月。百花洲里夜忘归，绿梧无声露光滑。天学碧海吐明珠，寒辉射空星斗疏。西楼下看人间世，莹然都在青玉壶。从来酷暑不可避，今夕凉生岂天意。一笛吹销万里云，主人高歌客大醉。客醉起舞逐我歌，弗舞弗歌如老何。”他依然热爱生活，抚琴高歌，散发出“老夫聊发少年狂”的豪迈！

《岳阳楼记》里吐心声

公元1044年，范仲淹的挚友滕子京被贬巴陵郡，他重修岳阳楼后，派人给范仲淹送去了一幅《洞庭晚秋图》作参照，请他为岳阳楼作记。虽未亲自登临过岳阳楼，但那气势壮阔的画作激起了词人豪情万丈的创作激情。凭着丰富的想象和多年为官的感悟，范仲淹一气呵成千古名篇《岳阳楼记》。

岳阳楼记

庆历四年春，滕子京谪守巴陵郡。越明年，政通人和，百废具兴，乃重修岳阳楼，增其旧制，刻唐贤今人诗赋于其上，属予作文以记之。

予观夫巴陵胜状，在洞庭一湖。衔远山，吞长江，浩浩汤汤，横无际涯；朝晖夕阴，气象万千。此则岳阳楼之大观也，前人之述备矣。然则北通巫峡，南极潇湘，迁客骚人，多会于此，览物之情，得无异乎？

若夫淫雨霏霏，连月不开，阴风怒号，浊浪排空；日星隐耀，山岳潜形；商旅不行，樯倾楫摧；薄暮冥冥，虎啸猿啼。登斯楼也，则有去国怀乡，忧谗畏讥，满目萧然，感极而悲者矣。

至若春和景明，波澜不惊，上下天光，一碧万顷；沙鸥翔集，锦鳞游泳；岸芷汀兰，郁郁青青。而或长烟一空，皓月千里，浮光跃金，静影沉璧，渔歌互答，此乐何极！登斯楼也，则有心旷神怡，宠辱偕忘，把酒临风，其喜洋洋者矣。

嗟夫！予尝求古仁人之心，或异二者之为，何哉？不以物喜，不以己悲；居庙堂之高则忧其民；处江湖之远则忧其君。是进亦忧，退亦忧。然则何时而乐耶？其必曰“先天下之忧而忧，后天下之乐而乐”乎！噫！微斯人，吾谁与归？

岳阳楼是江南三大名楼之一，乃千古名胜。古往今来，无数文人都目睹过它的风采，留下浓墨重彩。但无论哪一位的作品，都没有范仲淹这篇《岳阳楼记》气势浩大、雄伟壮阔！范仲淹抓住了岳阳楼在阴晴时段的不同变化，以个人悲喜联想到天下悲欢，归结为“进亦忧，退亦忧”。那什么时候才会由衷地欣慰和快乐呢？那就是“先天下之忧而忧，后天下之乐而乐”。这篇著名的抒情散文不仅在当世引起轰动，如今也被编入了初中语文教材。至今读来，那种苦自己而乐天下的高尚的士大夫情怀和“不以物喜，不以己悲”的个人修养，仍然让人豪情荡漾，击节叫好！

写这篇文章时，范仲淹的身份是被贬者，他却没有一点怨恨愤懑，与牢骚满腹的滕子京形成了鲜明对比。岳阳楼落成之际，滕子京部下前来祝贺，他却说：“落甚成！待痛饮一场，凭栏大恸十数声而已。”境界高下立见。所以，那些只专注于自己身上的苦乐悲欢、沉浸于小伤小痛的人，是写不出如此坦荡敞阔的大文章的。

开办史上第一家慈善堂

范仲淹绝不是只会说漂亮话，停留于纸上谈兵的空谈家。他用自己的满满的真诚和行动践行了“先天下之忧而忧，后天下之乐而乐”的崇高理想。

在杭州任职时，周围人都劝范仲淹购房置屋养老，他却连连摇头。一生拥有很多官衔的他因屡遭贬谪，于辗转各地的途中亲眼目睹了广大百姓的艰难生活。每当这时，他的脑海里就会浮现出童年寄人篱下的镜头。自己堂堂朝廷官员，生活尚且艰难，那些孤苦无依的人不更是无以为生吗？他知道，亲族之中，尚有许多人乞讨流浪忍辱偷生，自己哪有心情买房养老，享受安逸呢？他心里升起强烈的冲动：做慈善。

公元1049年，61岁的范仲淹拿出所有积蓄，在苏州老家购置了1 000亩义田，建起了一排排义宅，办起了慈善堂。他是史上第一个以个人名义开办慈善堂的人。钱公辅《义田记》记载过这件事：“方显贵时，置负郭常稔之田千亩，号曰义田，以养济群族之人。”范仲淹具有博爱情怀，心心念念的理想是使“至贫者，不复有寒馁之忧”。

这个义庄靠收租维持营运，可以为生活在贫困线下的范姓族人提供口粮、衣料、结婚支出、考试费用、丧葬费等各种便利。义庄设有免费住房，还兼具银行功能，如果有人急需用钱，只要保证如期归还，写一个贷款申请就可以。义庄制度非常人性化，比如为了使族人生活有保障，凡生孩子的人家只要在两个月之内到义庄登记，就可以顺利领取生活必需品。义庄所有开销都来自范仲淹的个人收入。

《宋史》记载：范大人家只有来了客人才能吃一点肉；老婆儿子的生

活费资“仅能自充”。这样的行为真是让人不可理解：自己过着贫苦生活，省下钱供养并不相干的人。如若不是胸怀使然，谁会去做这样的事呢？！一般人有了钱，巴不得住别墅、开豪车、吃最奢侈的饭、穿最华丽的衣裳；就算是能够想到有人尚不能解决温饱问题，也不会饿自己的肚子而饱别人的腹。伟大的举动总是会激发人性之善。这颗仁善的种子历经人间风雨，越来越茁壮。在宋金战争中，义庄粮仓毁坏、房屋倒塌，一度面临着停办危机；富贾、乡绅们没有冷眼旁观，他们早被范仲淹的无私举动所折服，大家纷纷挺身而出，解囊相助，使义庄一次次渡过危机。在范仲淹去世后，义庄依然风雨无阻地存在了800多年！这完全是大爱的力量，仁善的力量！

义庄步入正轨，范仲淹的个人命运却并未蒸蒸日上。他已经步入老年，身体多病，却仍然没有摆脱漂泊的命运。

徐州一逝，天下痛哭

公元1051年，范仲淹被派往山东青州任职。时青州大饥，范仲淹到任即赈济救灾。他写下了两首诗。

登表海楼

一带林峦秀复奇，每来凭槛即开眉。

好山深会诗人意，留得夕阳无限时。

南楼

南楼百尺馀，清夜微埃歇。

天会诗人情，遗此高高月。

青州阴湿寒冷的气候使范仲淹的身体极为不适。64 岁的他奏请皇上让自己到相对干燥的颍州（今安徽阜阳）任职。途中病情加重，又转往徐州。皇帝派御医到徐州为他治病。两个月后，范仲淹病逝。

消息传开，天下皆悲。西夏甘、凉等地的各少数民族人民自发聚众举哀，连日斋戒。凡是范仲淹待过的地方，百姓纷纷为他建祠画像。朝廷也给予了最高褒奖，追加范公为兵部尚书，皇帝亲书褒贤之碑。

范仲淹的官做得并不顺利，但他从来没有丢弃良善仁义。他的全部为官之道都集中在“忧”字和“仁”字上，范仲淹的仁是骨子里的仁。从亲民爱民、建慈善堂就可看出，这种仁是不沾染一丝世俗气息的仁。他做官 38 年，没有房产，没留遗产，却在民间留下了人格和道德的双重丰碑。他留下遗嘱：让当宰相的二儿子范纯仁、当尚书右丞的三儿子范纯礼世袭管理慈善堂；并面授一切可能出现的问题，让儿子务必把义举坚持下去。难能可贵的是，范仲淹的儿子们没有违背父亲遗愿，在热心公益者的无私帮助下，义庄存在了 800 多年，成就了中国历史上一段独一无二的慈善传奇。

仁善的力量可以穿越时间与空间，直击人心！范仲淹有政治家的热情，有超强的意志力和自信心，有统揽天下的大局意识，也有文人的独立自由情怀、兼济天下的理想主义、忠贞耿直的道德素养。他文武兼备，智慧过人，不管在是在朝主政还是出师戍边，皆成绩斐然。最为可贵的是其倡导的“先忧后乐”的思想，为后人树立了不朽的道德标杆。他留下的文学作品虽不多，但仁善官员、理性文人的真风采，在《岳阳楼记》中，已经完完全全地呈现在我们面前。

千古伯乐善创新

欧阳修

欧阳修一生身居高位，是个具有新思想、敢作敢当的人。他政绩突出，既支持『庆历新政』这样革故鼎新的政治改革，也倡导推陈出新的诗文革新运动。他一扫五代以来轻浮奢靡的文风和宋初内容空洞的『西昆体』诗风，以及生涩险怪的『太学体』文风，提倡学古文、习古道，强调作家应加强道德修养，文章重在明道、抒发真情实感。

作为北宋文坛领袖，他领导的诗文革新运动培养了一大批人才，对后世的文化事业产生了深远影响。

阴霾前方是蓝天

欧阳修出生于四川绵阳，四岁时父亲去世，母亲带着他到湖北随州去投奔叔叔。其母是受过教育的大家闺秀，认定：家虽穷，但绝不能穷孩子的教育。买不起纸笔，她就拿根荻秆在沙地上教欧阳修写字。欧阳修天生就是学霸苗子，母亲教的东西一学就会，还特爱看书，且过目不忘。他经常去城南李家借书，一面读、一面抄，有时书没抄完，他已经会背了。叔叔看到侄子的求知欲这样强，断定他将来一定能够光宗耀祖，闻名天下。

少年时代的某件事往往会影响人的一生。欧阳修十岁时，在邻居家借到了一本唐朝韩愈写的《昌黎先生文集》。先生那种自由清新、不拘一格的文风给他留下了深刻印象。他爱不释手，反复研读。正是这部作品，在少年的心里播下了日后在北宋文坛开展革新运动的种子。

欧阳修“昼夜忘寝食，惟读书是务”，以期在科举中一举成功。但科举之路并不顺利，两次考试都因为微不足道的原因未能中举。

公元1030年，欧阳修终于进士及第。听说过优秀被录取，没听说过优秀被打压的：主考官晏殊在与人闲聊时说，之所以没让欧阳修夺魁，主要是觉得他的文章锋芒太露，为了挫其锐气，促其成才，才给了他二甲。不管怎么样，欧阳修总算进了官场，被朝廷授任将仕郎，试秘书省校书郎，充任西京（今河南洛阳）留守推官。

人生最得意之事莫过于“洞房花烛夜，金榜题名时”。

宋代高度发达的经济，让人的追求千姿百态，衍生出了很多有趣好玩的风俗，比如男人戴花，比如“榜下捉婿”。尤其后一种，简直是职场文化中最令人期待的福利。朝中那些高官经年累月混官场，早就炼出了火眼金睛，个个都是识人辨才的相人高手。他们对那些金榜题名的学子只要扫一眼，人品高下、知识涵养立刻就能瞄出个八九分。这些老官油子们，他们两个一伙、三个一群地早早候在金榜前，等待放榜后好抢个金龟婿回家以壮门楣。欧阳修的名字在红榜一出现，马上就被翰林学士胥偃定为准女婿。

公元 1031 年，欧阳修抵达洛阳，在东武县迎娶了新娘胥氏。新婚又逢入仕，洛阳这个地方真是福地，给了他一生也回忆不完的幸福感。

潇洒快活的青年时光

人生得一知己足矣，如果这个知己同时又是自己的上司，那该是何等快意舒畅！

吴越忠懿王钱俶的儿子钱惟演任西京留守，也就是洛阳最高的行政长官。这是个风雅博学能文善写的潇洒人物，他的幕府中网罗了一大批有才华的年轻人，可谓人才济济。钱惟演很有人情味，最爱和青年才俊打交道，而且对他们极尽关怀。他不像别的老板那样，恨不得把你做梦的时间都给压榨出来。谁还没年轻过，年轻时不疯更待何时？钱惟演认为，年轻人就应该多玩。所以，对于府中的年轻幕僚，他不仅不让他们承担琐碎的行政事务，还公然支持他们吃喝玩乐。

欧阳修和同僚到嵩山游玩，傍晚下起了雪。钱惟演的雪中送炭不仅让人感动，还让人惊讶。他派使者带着厨师、歌女还有叮嘱全到了：“府里没什么事，你们不用急着回来，好好在嵩山赏雪看景，玩个够。”居然还有这样的神仙操作，如此善解人意娇纵下属？真替欧阳修狂喜。

同伴中，欧阳修和梅尧臣最谈得来，对他大加赞美：“圣俞翘楚才，乃是东南秀。”他们同游洛阳城东旧地时，年轻的欧阳修忽然有些伤感：如此美好的景色，又是和对的人在一起，这样的欢聚不知能持续多久？

浪淘沙·把酒祝东风

把酒祝东风，且共从容。垂杨紫陌洛城东，总是当时携手处，游遍芳丛。

聚散苦匆匆，此恨无穷。今年花胜去年红，可惜明年花更好，知与谁同？

世事变幻，人生无常，今年的花儿胜过去年，明年的花儿也许更漂亮，可惜不知那时将与谁同游？

年轻人在一起总是活力无限。在钱惟演的支持下，欧阳修整天琢磨古文创作，留下了无数好诗文。比如《嵩山十二首·中峰》：“望望不可到，行行何屈盘。一迳林杪出，千岩云下看。烟岚半明灭，落照在峰端。”这样的作品，他一口气写了很多。梅尧臣和其他人也写了不少这样的清丽小诗。

很快，这种简洁明快的风格就成了大家的共同追求，众人一致反对长期以来笼罩在北宋文坛的那种浮华艰涩的文风。在与文友相互赏鉴探讨中，欧阳修一直都在思考着文学的发展走向，他开始有意识地寻找符合时代精神的风格，以契合自己的文学理想。这段经历，奠定了欧阳修日后推动文坛改革的基础。这和钱惟演的“娇纵”分不开，如果没有他的支持和包容，名不见经传的文艺青年缘何能够成就日后的文坛传奇？

可惜美好不能定格。由于朝廷争斗，钱惟演被贬出洛阳，幕府解散，欧阳修的好日子也随之宣告结束。共事共欢一场，临行总要聚一聚。觥筹交错的酒席上，伤感在弥漫。

玉楼春

尊前拟把归期说，欲语春容先惨咽。

人生自是有情痴，此恨不关风与月。

离歌且莫翻新阕，一曲能教肠寸结。

直须看尽洛城花，始共春风容易别。

离别就在眼前，莫要再唱曲了。此时，你我携手看尽这洛阳牡丹，才能抵消一点离别的愁绪。

洛阳岁月是欧阳修生命中最瑰丽的篇章，有上司宠着，有好友相伴，每日诗酒歌赋、把盏言欢……

仗义执言遭贬谪

公元 1034 年，28 岁的欧阳修回京做了馆阁校勘（校勘书籍），参与编修《崇文总目》一书。也许是过惯了自由散漫的贵族生活，他把“座上客常满，樽中酒不空”当成了习惯，家里常高朋满座、莺歌燕舞。不过，此时的欧阳修不像年轻时那样没心没肺，一心只想着吃喝玩乐。岁月的历练，眼界的开阔，让他开始眼光向下，考虑一些宏大主题，笔下也渐渐伸向贫苦民间。他在《食糟民》中写道：“田家种糯官酿酒，榷利秋毫升与斗。酒沽得钱糟弃物，大屋经年堆欲朽。……不见甲中种糯人，釜无糜粥度冬春。还来就官买糟食，官吏散糟以为德。嗟彼官吏者，其职称长民。衣食不蚕耕，所学义与仁。仁当养人义适宜，言可闻达力可施。上不能宽国之利，下不能饱尔之饥。我饮酒，尔食糟，尔虽不我责，我责何由逃。”农民春播秋种，辛辛苦苦种了一年地，却只能以酒糟充饥，他们的悲惨遭遇让诗人深感忧虑。而边境上的居民，生活一点也不比内地的农民好过。

边户

家世为边户，年年常备胡。
儿僮习鞍马，妇女能弯弧。
胡尘朝夕起，虏骑蔑如无。
邂逅辄相射，杀伤两常俱。
自从澶州盟，南北结欢娱。
虽云免战斗，两地供赋租。
将吏戒生事，庙堂为远图。
身居界河上，不敢界河渔。

自从宋真宗时期与辽国签订了“澶渊之盟”，北宋每年要给辽国三十万岁币，边区百姓因此受到了双重压迫：原来只要给本朝交税就行了，现在除了自家朝廷，还要给辽国交税；遇到胡人前来偷袭，还不准抵抗；守着界河却不敢去打鱼；因为要时时防备胡人，连孩子和女人都学会了骑马射箭；遇到战争，边区百姓经常死伤一片。欧阳修如实写出了百姓的沉重负担，也表达出对朝廷执行妥协政策的不满。

边区如此，内地也好不到哪儿去。上流社会整天花天酒地，下层百姓却饥寒交迫。巨大的贫富差距使社会矛盾日益突出，偷盗抢劫层出不穷，人民的怨气日益深重。欧阳修对此深深地忧虑。

朝中大臣范仲淹也是正直人士，深感如果任由这样的局面发展下去，终有一天会民将不民、国将不国，于是就上折子痛批时政弊端，希望宋仁宗能来一番改天换地的变革。谁愿听刺耳的真话？范仲淹一腔赤诚受冷遇，

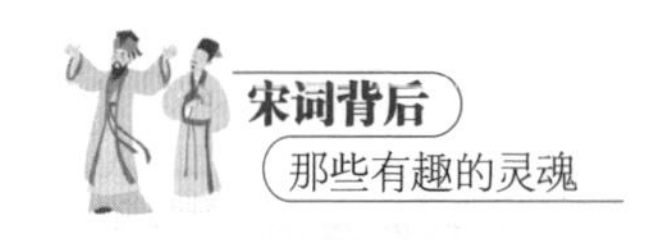

被贬饶州。

人与人的相处都带着极大的被塑性，近朱者赤，近墨者黑。欧阳修的上司钱惟演身上那种惜才爱才的情怀对他产生了许多潜移默化的影响。欧阳修也有这种倾向，他对于那些与自己相似、有正义感、敢打破陈规、虚心好学的人很有好感，见不得他们受委屈。如今范仲淹被冤，他哪能不管？他也上了折子，不是关于时政，而是替范仲淹辩护。皇帝看了欧阳修这篇刚正不阿、言辞激烈的折子，很是生气，将他贬为夷陵（今湖北宜昌）县令。朋友丁元珍写了首《花时久雨》给他，欧阳修以《戏答元珍》回复："春风疑不到天涯，二月山城未见花。残雪压枝犹有橘，冻雷惊笋欲抽芽。夜闻归雁生乡思，病入新年感物华。曾是洛阳花下客，野芳虽晚不须嗟。"整首词怨而不怒、哀而不伤，似是自我安慰，又似自我解嘲：虽然现在是春天，但我被贬到穷乡僻壤，连个花影儿都看不见。不过，没什么！我曾经在洛阳度过了那样绚丽多姿的好年华，这一生还有什么不能承受呢？

看来，人必须过点儿好日子，也好在倒霉时咀嚼回忆，有份精神支撑。

好心情诞生好作品

在远离京城的小地方当了几年县令后，欧阳修于公元 1040 年被召回京。宋仁宗并不是一个昏庸之人，他也知道天下弊端所在，在众大臣的一致建议下，终于痛下决心进行改革。他让范仲淹、韩琦、富弼等人联手推行"庆历新政"。欧阳修在其中成为革新派干将，他提出改革吏治、军事、贡举法等一系列主张。这些主张触及了一部分人的利益，保守派拼命阻挠，导致新政实施不久即遭失败。之后，范、韩、富等相继被贬，欧阳修再次上书仗义执言，结果于公元 1045 年被贬到滁州（今安徽东部）；后又被贬至扬州、颍州、应天府（今河南商丘）。

在滁州，欧阳修的官职是太守，是一方主官，管辖数县，有了放开手脚的机会。他颁布了一系列好政策，创造条件让民众大力发展生产。经过整治的滁州渐渐开始富足，百姓生活也日趋安定。

滁州山美水美，欧阳修常带着身边人，提着酒壶到处游逛。轻松惬意的旅途总是会催生佳作。情到浓时，影响深远的散文《醉翁亭记》出炉，文中“醉翁之意不在酒，在乎山水之间也”的那份畅达通彻，让人念念不忘。而心系滁州、与民同乐的那份情怀，更是与范仲淹的“先天下之忧而忧，后天下之乐而乐”有异曲同工之妙。不过，不同于范仲淹那份悲天悯人的大情怀，欧阳修显得更接地气。他不忧天下，只忧滁州。把一个个小地方治理好了，天下自然就都好了。所以，他是“先滁州之忧而忧，后滁州之乐而乐”。

好山好水好日子让他的笔下日渐丰饶。

啼鸟（节选）

穷山候至阳气生，百物如与时节争。
官居荒凉草树密，撩乱红紫开繁英。
花深叶暗耀朝日，日暖众鸟皆嘤鸣。
鸟言我岂解尔意，绵蛮但爱声可听。
南窗睡多春正美，百舌未晓催天明。
黄鹂颜色已可爱，舌端哑咤如娇婴。
竹林静啼青竹笋，深处不见惟闻声。

大自然有奇效，总能迅速地拂去人心上的阴霾。欧阳修大力开发建设滁州，留下了很多建筑：丰乐亭、紫薇泉……加之他那些关于滁州的生动赞美，生生把滁州变成了风景名胜之地，无数人慕名前来。人因城而欢喜，城因人而扬名。这是人与城最美好的互动。

鉴于欧阳修的高名，很多人前来求教。不管是初出茅庐的学子还是穷困潦倒的书生，他全都给予热情接待和细心指导。他用多首诗来记录这些事，如《送孙秀才》《送章生东归》《送张生》《怀嵩楼晚饮示徐无党无逸》等。其中，《送孙秀才》详细地记述了孙秀才携文数十篇，从江南渡江来求教的情形。欧阳修很感叹："迟迟顾我不欲去，问我无穷惭报寡。时之所弃子独向，无乃与世异取舍。"在《送章生东归》中，他更是为章生"穷山荒僻人罕顾，子以一身千里来"而感动，谦虚地说："自惭报子无琼瑰。非徒多难学久废，世事渐懒由心衰。"在《送张生》里，他表达了自己不服老，还要奋斗的心情。"一别相逢十七春，颓颜衰发互相询。江湖我再为迁客，道路君犹困旅人。老骥骨奇心尚壮，青松岁久色逾新。山城寂寞难为礼，浊酒无辞举爵频。"太守虽苍颜白发，贪恋酒杯，但壮心尚在，天下苍生依然是心里的牵挂，教书育人乐此不疲。

不仅有这些学子的包围，老朋友也时不时地送来关心。梅尧臣专门派了亲信来帮助欧阳修。朝中宰相韩琦知道欧阳修喜欢花儿，不远千里寄来了十多种的芍药花供他种植观赏。

时间能治愈一切。待久了，心也就熨帖了。欧阳修爱上了滁州。在给梅尧臣的信中，他说："某居此久，日渐有趣。郡斋静如僧舍，读书倦则饮射，酒味甲于淮南，而州僚亦雅。亲老一二年多病，今岁夏秋以来安乐，饮食充悦。省自洛阳别后，始有今日之乐。"

滁州给了欧阳修温暖，离开了也念念不忘记。

忆滁州幽谷

滁南幽谷抱千峰，高下山花远近红。

当日辛勤皆手植，而今开落任春风。

主人不觉悲华发，野老犹能说醉翁。
谁与援琴亲写取，夜泉声在翠微中。

处境对文风的影响力

与高人为伍很重要。程颢说过："好正道则正人至，好邪道则邪人至。"接触什么样的人，十有八九你也会成为那样的人。经历也是一样。经历的开心多于沮丧、快乐多于伤感，那你的性格就会达观温和，乐天知命。这可是影响下笔走向的。性格宽和的人，笔下的文章绝不会是那种冷峻凄苦、晦涩艰深型。欧阳修一路走来，从教他识字的母亲，爱慕其才的老丈人胥偃，包容大度的上司钱惟演，还有正直的同事范仲淹，情同手足的好朋友梅尧臣、韩琦，这些人给予欧阳修的，全是正面积极的影响。所以，欧阳修虽在外漂泊数年，但他的作品一直都保持着健康清新的格调。比如《生查子·元夕》（一说为朱淑真所作）：

去年元夜时，花市灯如昼。月上柳梢头，人约黄昏后。
今年元夜时，月与灯依旧。不见去年人，泪湿春衫袖。

这首词把约会的甜蜜与失落写得丝丝入扣，是爱情诗的经典之作。欧阳修有很多这样的名篇。比如《蝶恋花·庭院深深深几许》：

庭院深深深几许，杨柳堆烟，帘幕无重数。玉勒雕鞍游冶处，楼高不见章台路。

雨横风狂三月暮，门掩黄昏，无计留春住。泪眼问花花不语，乱红飞过秋千去。

在这首词中，他化身女子，将女主人独居的孤独心境刻画得很传神。一连三个“深”字，暗示了女主人心事深沉、怨恨莫诉之感。如果没有一腔饱满深沉、推己及人的情感，怎能写出这样传神的作品？

心境会随着年龄的增长而变得更加开阔。晚年的欧阳修退居颍州，做了十首清新明快的《采桑子》，其中有一首为：“画船载酒西湖好，急管繁弦，玉盏催传，稳泛平波任醉眠。行云却在行舟下，空水澄鲜，俯仰留连，疑是湖中别有天。”采莲姑娘用荷叶当杯，划船饮酒，多么潇洒的生活场景！

他的《少年游·阑干十二独凭春》则道出对远行者深深的思念：

阑干十二独凭春，晴碧远连云。千里万里，二月三月，行色苦愁人。

谢家池上，江淹浦畔，吟魄与离魂。那堪疏雨滴黄昏。更特地、忆王孙。

绵延芳草与天边彩云相连，远行人啊，你的匆匆令我心伤。在谢家小池、江淹浦的岸边独自沉吟。黄昏时分，疏疏雨滴，又想起远行人。

欧阳修把握细节的能力很强，最能抓住人物的瞬间情感，将满腹惆怅与周边景物融为一体。

清平乐·小庭春老

小庭春老，碧砌红萱草。长忆小阑闲共绕，携手绿丛含笑。

别来音信全乖，旧期前事堪猜。门掩日斜人静，落花愁点青苔。

他也喜欢描述空灵幽寂的山水。

自菩提步月归广化寺

春岩瀑泉响，夜久山已寂。

明月净松林，千峰同一色。

文坛领袖实至名归

公元1054年，皇帝召欧阳修回京任翰林学士、史馆修撰，与宋祁同修《新唐书》。

负责写列传的宋祁总喜欢用生僻字。统筹全稿的欧阳修为防止体例不一，决定委婉相劝，于是在书局门上写下“宵寐匪祯，札闼洪休”8个字。宋祁说：“这不就是‘夜梦不详，题门大吉’嘛，至于写得这么晦涩吗？”欧阳修回：“我是在模仿您修《唐书》的笔法呢。您把‘迅雷不及掩耳’这句大白话写成‘震霆无暇掩聪’，我为什么不能写得深奥些？”宋祁一下子明白了欧阳修的用意，对他留面子的做法很感激，再写文章就平易多了。欧阳修的严谨是出了名的。同下属出游，路遇飞马踩死狗，他让大家分别记叙此事。一人开口：“有黄犬卧于道，马惊，奔逸而来，蹄而死之。”另一人说：“有黄犬卧于通衢，逸马蹄而杀之。”第三人：“有马逸于通衢，卧犬遭之而毙。”欧阳修说，要是这样修史的话，一万卷也写不完。他只用了六个字：逸马杀犬于道。

简洁、通俗、朴实的文风是欧阳修的一贯追求。他想把它推而广之。

公元1057年，欧阳修做了礼部贡举的主考官，以翰林学士身份主持进士考试。当时文坛流行“太学体”，特点是故弄高深、深奥难懂。欧阳修具有新思想，笃信创新才能进步，早就对这种晦涩文体深恶痛绝，他要趁此机会向迂腐的文风宣战，让才子们挣脱束缚，为天下建设尽情贡献聪明才智。阅卷时，欧阳修看到一份试卷上写着“天地轧，万物茁，圣人发”，其实就是说：天地交合，万物产生，然后圣人就出来了。很简单的语言就能说清楚的事，偏要弄得弯弯绕绕、高深莫测。欧阳修忍着反感，就着这位考生的韵脚续道：“秀才刺，试官刷！”意思是这秀才学问不行，试官不会录取！

也许是矫枉过正吧，这次考试让欧阳修犯了一个举世皆知的错误。他发现有一份卷子文章写得通俗晓畅、说理透彻，通篇充满睿智之语，心下很欣喜，觉得肯定是自己的弟子曾巩所写。既如此，可不能让别人说自己偏袒自己人。于是大笔一挥，把这篇卷子判为了第二名。后来得知是新生苏轼所作，心里那个后悔啊。从中可看出老先生的正直品性和惜才之心。苏轼若知道老先生当时的心路历程，不知会甩出什么样的表情包？虽然闹出这么个乌龙，不过令人欣喜的是，欧阳修在这次考试中总共录取了388名进士，皆是些文风新颖、拥有真才实学之士，包括苏轼、苏辙、曾巩等巨匠，还有张载、程颢、吕大钧等大儒。欧阳修的学识、眼光和胸怀由此可见一斑。要知道，他这种录取方式可是冒着极大风险的，因为宣战的对象是朝廷太学。

欧阳修的用人标准和胆识，给北宋文坛带来了一股春风。他一生桃李满天下，包拯、韩琦、文彦博、司马光这些人都得到过他的激赏与推荐。“唐宋八大家”中有五人出自他的门下，而且都是没背景的普通百姓。“千古伯乐”的名号于他可谓名副其实。

不过，他的举动得罪了那些写“太学体”的考生，他们纷纷上街闹事，对欧阳修大肆谩骂攻击。好在仁宗及时出手，给了欧阳修极大支持。太学体的领袖刘几是个识时务的人，他很快认清现实，更名刘辉，改掉了旧文风，重新参加考试，并获取了功名。榜样的力量是无穷的。其他人一看刘儿都这样了，还抱住旧观念不放只能被时代抛弃！于是，很多人都及时跟进，抛弃了老俗套。如此一来，五代以来轻浮奢靡的文风和宋初内容空洞华美的“西昆体”以及生涩险怪的“太学体”一并消失了，取而代之的是令人耳目一新、晓畅通俗的新文体，这是欧阳修最为高兴的事。他被公认为当时的文坛领袖、古文运动的领导者！

欧阳修一生过得都很充实，晚年更是如此：藏书一万卷，金石遗文一千卷，琴一张，棋一盘，酒一壶，外加他自己，吉数为六，干脆自号“六一居士”。每每陶醉其间，怡然自乐。

改革家一生寂寞
王安石

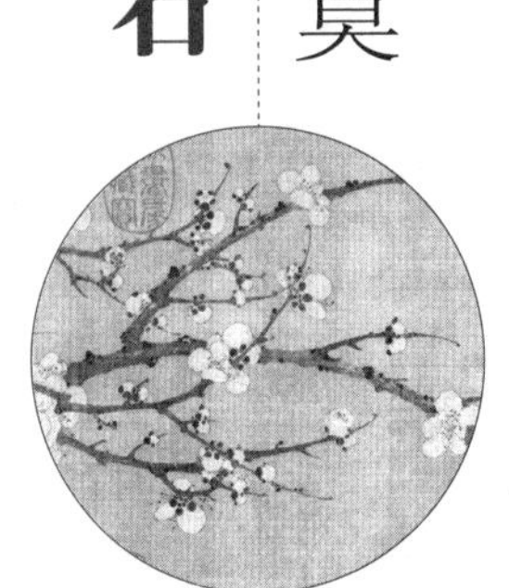

王安石得意时权倾天下，一场改革却让他毁誉参半。

有人说他是十一世纪中国最伟大的改革家，也有人骂他是祸国殃民的万世罪人。其实，他是正直的理论先驱、狂热的政治赌徒、行动上的冒险家与激进者，是一个具有创新意识、无所畏惧、勇往直前、理性大于感性、行动快于感动的人。人如此，作品是否一如他的性格，单调乏味，严谨古板，读来味同嚼蜡呢？王安石的文学主张强调『实用』说理占高位，确实缺少韵味和美感。但毕竟站得高看得远，大家风范是隐藏不住的。他的改革震动天下，他的诗文则触动文坛！

鄞县的欢笑与泪水

王安石是江西临川人。他的父亲王益为官20年，一直辗转于今天的赣、川、粤、豫、苏等地做地方小官。酷爱学习的王安石跟着父亲走南闯北，经历了很多事，心智相当早熟。

王安石 16 岁时，父亲调任江宁府（今江苏南京）通判，全家定居江宁府。父亲工资微薄，家里兄妹又多，少年王安石经常上山挖野菜接济生活。清贫的生活让他学习很拼命，没办法，要想摆脱苦日子，就要从自己身上榨出希望，走“学而优则仕”这条路。功夫不负有心人，公元1042年春，21 岁的王安石赴京赶考，一举高中进士第四名，从此踏上仕途。

王安石最早在扬州任签书淮南判官，后调任宁波鄞县任知县。在这方天地，他克己奉公，大展拳脚。他继承了父亲的勤劳踏实，但视野更开阔，眼界更高远。他把当地寺庙改建成学校，兴学办教，整顿田赋，疏川导渠。为使贫困农民能够及时播种收割，避免豪绅盘剥，在青黄不接时，王安石把县府仓库中的存粮低息借给贫民，秋收之后，农民再加二分利息归还县府。这就是他后来实行青苗法的最早雏形。

忙忙碌碌的生活中，夫人给他添了一个小女儿，不料女儿却在一岁多的时候生了重病，不幸夭折。女儿死后两年，王安石调离鄞县。临行时，他到女儿坟前告别：“行年三十已衰翁，满眼忧伤只自攻。今夜扁舟来诀汝，死生从此各西东。”就要离开了，留下小女儿长眠在这异乡野外。想到这，王安石的泪水止不住地流。“网草新垂月中露，青禽夜宿菱塘陼。寺西幽修云覆土，知葬舒王下殇女。”（谢翱：《鄞女墓》）

在鄞县，王安石付出了很多，直到离开很久，还念念不忘。“明州城廓画图传，尚忆西亭一舣船。投老光明非复苦，当时风月故依然。”（《忆鄞》）鄞县给了他很多历练，日后岁月，他把这些历练用于实践，融入了自己的伟大抱负。

上书陈谏，写诗明志

王安石在浙江鄞县知县任满后，回江西临川。途经杭州时，山川秀色让人激情满怀！他兴冲冲地登上飞来峰：

登飞来峰

飞来山上千寻塔，闻说鸡鸣见日升。

不畏浮云遮望眼，自缘身在最高层。

公元1051年，王安石任舒州（今安徽潜山）通判，到任不久即逢大旱。当时正值播种季节，百姓却苦于无法耕种，所有人都把希望寄托在求雨上。身为地方官，王安石更是心急如焚，他在《舒州七月十一日雨》中记载：“行看野气来方涌，卧听秋声落竟慳。淅沥未生罗豆水，苍茫空失皖公山。火耕又见无遗种，肉食何妨有厚颜。巫祝万端曾不救，只疑天赐雨工闲。”通过考察，王安石了解到舒州地形复杂，山川河谷虽有水流勾连，但山谷之水全都汇聚于海，根本存留不住。他很快拿出了应对办法，召集人“起堤堰，决陂塘，为水陆之利”。舒州三年，王安石做出不少成绩：减轻农民负担、打击盐贩、改善渔民生活，赢得了底层百姓的敬重。

王安石生性淡泊，不贪权恋权，热衷于做事，喜欢在忙碌中感受生命活力。因为颇有政绩，朝廷多次欲为其升职，均被拒绝。王安石并不是工于心计之徒：用拒绝升官博得朝廷的好感，以谋取更大的职位。他只是本性使然，不是不想做高官：如果身在朝廷做高官而不能做实事，还不如在地方上做能做事的小官，多多历练，为自己的理想添砖加瓦。王安石很无趣，不喜娱乐，不善应酬，忙起来可以连续几天不洗脸、不换衣。在他眼里，活着最重要的事就是工作和学习。他在给弟弟的诗《到舒州次韵答平甫》中就表达了这种心情："夜别江船晓解骖，秋城气象亦潭潭。山从树外青争出，水向沙边绿半涵。行问啬夫多不记，坐论公瑾少能谈。只愁地僻无宾客，旧学从谁得指南？"通过景物描写，抒发了做官不忘学业之志。他不是说漂亮话，而是时时刻刻提醒自己莫忘学习，再加上忧国忧民、精明强干、不计得失、无意争权、甘于寂寞这些特点，构筑了他做大事的性格基底。

王安石调任过很多地方，无论到哪里，他都全心全意地为百姓谋福利奔忙。多年的基层历练，让他看清了很多问题的实质，对民间的疾苦和贫困的根源也了然于胸。公元1059年，王安石结合自己多年的观察和思考，上奏了一封题为《上仁宗皇帝言事书》的万言书，对官制、科举以及奢靡的风气作了深刻揭露，请求改革政治、加强边防，提出了"取天下之财，以供天下之费"的理财原则。

当时，西夏和北宋边患紧张。文人们想到了和亲卫汉的王昭君，于是借汉言宋，写了不少诗作。在这种背景下，王安石的《明妃曲》组诗应运而生：

明妃曲二首

其一：明妃初出汉宫时，泪湿春风鬓脚垂。低徊顾影无颜色，尚得君王不自持。归来却怪丹青手，入眼平生几曾有；意态由来画不成，当时枉杀毛延寿。一去心知更不归，可怜着尽汉宫衣；

寄声欲问塞南事，只有年年鸿雁飞。家人万里传消息，好在毡城莫相忆；君不见咫尺长门闭阿娇，人生失意无南北。

其二：明妃初嫁与胡儿，毡车百辆皆胡姬。含情欲语独无处，传与琵琶心自知。黄金杆拨春风手，弹看飞鸿劝胡酒。汉宫侍女暗垂泪，沙上行人却回首。汉恩自浅胡恩深，人生乐在相知心。可怜青冢已芜没，尚有哀弦留至今。

咏王昭君的诗有很多。王安石的系列《明妃曲》被称为其中的佼佼者，寓意新颖，好评无数。

王安石前期的作品多是这样关乎大义、生存、民生疾苦的题材，比如《感事》《兼并》《秃山》《收盐》《河北民》，揭露了剥削者的无情，反映了尖锐的社会矛盾。着眼点决定着事业方向，人关心什么就会去追求什么。

意气风发，投身改革

不久，朝廷任命王安石入直集贤院，同修起居注。他不愿任此闲职，果断婉拒，遂改任知制诰，替皇帝起草诏令文告，纠察在京刑狱。

公元 1060 年，王安石将出使辽国。他与大妹王文淑感情很深，因在外地任职，与妹妹三年未见，如今刚见着又要分别，心里颇为伤怀。

示长安君

少年离别意非轻，老去相逢亦怆情。

草草杯盘共笑语，昏昏灯火话平生。

自怜湖海三年隔，又作尘沙万里行。

欲问后期何日是，寄书尘见雁南征。

王安石是工作狂，脑中时刻思考着大方向，总想着让天下安好富足。这使他把向上提建议当成了自己的责任，不是隔三岔五提，而是想起来就提，皇帝简直不胜其烦。因为经常出言冒犯皇帝的旨意，王安石把自己拖入了尴尬境地，所有人都对他“另眼相看”。王安石一向不在乎别人的闲言碎语，但一些人的刻意排挤还是对他的工作产生了阻碍。公元 1063 年，万般无奈的王安石以母病为由辞官回到了江宁。英宗即位后，屡召王安石赴京，王安石均以服母丧和有病为由婉拒。

王安石虽不在朝中，但始终心怀天下：帝国矛盾重重、问题多多，它将走向何方？《宋史・王安石传》记载：王安石“果于自用，慨然有矫世变俗之志”。他想做大事，做大张旗鼓、轰轰烈烈的大事，让百姓安居乐业、国家兴旺发达。

公元 1067 年，英宗赵曙因病去世。20 岁的宋神宗即位后，立即启用 46 岁的王安石为江宁知府。在一个深秋的傍晚，王安石登上高地，眺望古都金陵胜地，感慨万千。

桂枝香・金陵怀古

登临送目，正故国晚秋，天气初肃。千里澄江似练，翠峰如簇。归帆去棹残阳里，背西风，酒旗斜矗。彩舟云淡，星河鹭起，画图难足。

念往昔，繁华竞逐，叹门外楼头，悲恨相续。千古凭高对此，谩嗟荣辱。六朝旧事随流水，但寒烟衰草凝绿。至今商女，时时犹唱，后庭遗曲。

作为改革家和思想家，王安石看问题比一般人看得更远。他通过对六朝历史教训的认识，表达了对北宋社会现实的不满，透露出深深的忧患意识。那首《南乡子·自古帝王州》，也流露出一个政治家超出常人的深刻体味：

自古帝王州，郁郁葱葱佳气浮。四百年来成一梦，堪愁。晋代衣冠成古丘。

绕水恣行游，上尽层城更上楼。往事悠悠君莫问，回头。槛外长江空自流。

心里的担忧积聚太多时，就会找寻出口向外散发。王安石又向皇帝递上了《本朝百年无事札子》。当时的大宋帝国看上去是歌舞升平，但繁华背后是漏洞百出，恰似臃肿溃烂的痈疽，一触即发。《宋史·食货志》："承平既久，户口岁增。兵籍益广，吏员益众。佛老外国，耗蠹中土。县官之费，数倍于昔。百姓亦稍纵侈，而上下始困于财矣！"一语道破财政危机。清人赵翼在《廿二史札记》中引卢策所言："神宗熙宁年间，收入达五千零六十万，支出也是五千零六十万，占总收入的百分之百。"神宗皇帝甚至拿不出钱来赏赐臣下。这些都让王安石深感忧虑。国库空虚的后果很可怕，就说边境，一旦无钱给辽国和西夏上贡，表面的和平马上就会被打破；再说朝廷，五大臣老不堪用，人才严重匮乏……

帝国是一座气势恢宏的大厦，正面临着财政、统治、边塞和人才四大危机，随便哪一种都能将它拖入万劫不复的深渊。改革也许能生，但不改革只能是死路一条！就在这一刻，心中那个珍藏已久的梦——变得越来越清晰，越来越迫切！王安石被一种激情和热望紧紧攫住，脑海里不断交替呈现着大宋帝国从繁荣走向负重、从负重走向陨落再到焕发活力的种种过程和画面……趁皇帝召见之机，王安石果断地站了出来，给皇帝勾画着在心里呈现了千百遍的宏伟蓝图，抛出了那个令帝国热血沸腾的伟大梦想——改革！神宗皇帝听得很认真，连连点头。他对王安石印象很好，甫一登基就召见王安石当面考察。君臣有过一段坦诚的对话："要治国，何为先？"王答："择术为先。"又问："然则卿所施设以何先？"王曰："变风俗、立法度，最方今之所急也。"当君臣思想激烈共鸣时，改革犹如箭在弦上，一触即发。神宗皇帝决心已定：改革变法非朕莫属！王安石也当仁不让：整顿乱象舍我其谁！

改革团队人心涣散

公元 1068 年，朝廷正式发出号令，王安石应召自江宁府赴京，次年任参知政事（副宰相），神宗正式宣布让他全面主持改革。对于神宗皇帝的知遇之恩，王安石心里充满着感激。渴望做大事的心愿由来已久，如今"久旱逢甘霖"，怎不令人欣喜异常？《浪淘沙令·伊吕两衰翁》：

伊吕两衰翁，历遍穷通。一为钓叟一耕佣。若使当时身不遇，老了英雄。

汤武偶相逢，风虎云龙。兴王只在谈笑中。直至如今千载后，谁与争功！

假如当时伊尹、吕望（姜太公）没有碰到那么好的机会，即使是有经天纬地之才的英雄也只能被埋没了。王安石借二人的际遇抒发自己的得意，觉得自己整个人都变得年轻起来。联想到变法伊始的新气象，一派生机勃勃，他难掩豪情。《元日》最能表达这种喜悦：

爆竹声中一岁除，春风送暖入屠苏。

千门万户曈曈日，总把新桃换旧符。

王安石等待这一天太久，他早就准备好，誓将举起大锤砸向所有旧制特权。这一锤是否能砸出一个清明朗朗、天下归心、国富兵强的新大宋呢?

在世人眼里，王安石性格古怪，不近人情。但他一向光明磊落，一心为公，从未因私事或人格瑕疵与人结怨。同事们虽然对他不亲近，但对其人格、精神品性都高度赞赏。他没有私心，看事远，看人准。很可惜，智慧超前的王安石在改革这件事的人事安排上，却患了高度近视，看不清围绕在他身边那些人的真面目，由此犯下了改革中最致命的错误——用人不当，导致改革危机四伏。

改革不是个人奋斗，它需要众人鼎力协助。王安石迫切地需要德才兼备、有责任担当、敢闯敢干的改革人才。可朝中老臣和昔日朋友都把改革看成瘟疫，躲着、绕着走。指令已经发出，车轮已经启动，一向一往无前的王安石坚决不允许自己退缩。孤立无援中，一些职场新人在舆论和行动上主动支持他、拥戴他。这些小字辈没有经受过生活磨难，没有体味过人情冷暖，没有经历残酷的职场历练，更不具备道德感；有的只是急功近利、升官发财的美梦，谁得势就巴结谁的手段。他们很多人认定改革就是利益博弈，王安石是皇帝的红人儿、高级跳板，只要靠近他，就好处无限、前程锦绣。

王安石看到的是大家高涨的热情，是高高举起的欢呼的手臂；至于这些人的人品、对改革的作用和影响，他顾不了那么多。眼下要紧的是把改革的大合唱搞起来、唱起来。他连最基本的考察都没有，就忙不迭地把吕惠卿、章惇、谢景温、曾布、蔡卞、吕嘉问、蔡京、李定、邓绾这些人全部收入麾下。这些人日后全上了北宋的奸臣榜。

一切都已到位，王安石领着团队开始了轰轰烈烈的改革。均输法、青苗法、免役法、市易法、保甲法、将兵法等，各种新法相继出台。这些极具冲击力的新法一时间深入各个领域，迅即掀起滔天波澜。从抵制、抗拒，到逐渐接受，经过一段时间的艰难运作，改革取得了明显成效：北宋财政收支一举扭亏为盈。朝廷物资急剧增加，不得不新建52座仓库以应急。各地兴修水利设施一万多处，灌溉农田三十六万多亩。军事上，为了斩断西夏“右臂”，王安石力挺王韶率领军队，在甘肃、青海一带攻击吐蕃，获取了幅员两千里的土地。

王安石变法以“富国强兵”为目标，将新法实行了近15年时间，基本上收到了预期效果，使豪强兼并和高利贷者的活动受到限制，使中上级官员、皇室减少了特权，使乡村百姓减轻了部分差役和赋税负担。但，这些只是大数据营造出来的表象。

在这些繁荣背后，一股股来自民间的暗流正风起云涌，撕扯并吞噬着改革成果。

来自特权阶层的抵制

利欲熏心的官员们大肆利用改革之名，疯狂剥削压榨百姓。各种巧取豪夺的手段层出不穷，把原本初衷很好的改革变成了利益者敲诈的依据，他们只想着白花花的银子，没人去关注银子背后的血泪控诉。

官员们想方设法把商人、地主、权贵、农民的钱全划拉到国库里。国家富了，北宋王朝积贫积弱的局势被扭转，军事力量也有所增强，与之相随的，是各级官吏的腰包大鼓特鼓。但广大地主被榨干吸尽，商家大贾怨声载道，百姓们生活窘迫。他们联名向神宗递奏章文书，攻击变法。朝中曹太后、高太后和几乎所有德高望重的老臣韩琦、司马光、苏轼、欧阳修、富弼、文彦博等人全都对改革大加抨击。王安石思考时清醒，办事时糊涂；看别人清楚，看自己迷糊。少数人反对不说明什么，朝中大儒全都反对，证明是真出了问题。是放缓脚步还是和各方商量磋商，拿出一个更好的解决方案？可他却没重视这些，完全以自己为中心，认识不到自己的缺陷和短板，听不进任何意见，感情用事，缺乏理智，对一些合理建议也都视而不见。

重重阻力之下，王安石强硬捍卫改革。

咏竹

人怜直节生来瘦，自许高材老更刚。

曾与蒿藜同雨露，终随松柏到冰霜。

竹子先天不足，后天环境恶劣，但它依然冲破厚土，终成大材。王安石托物言志，表达了自己的不屈之心。他在《商鞅》中表达了同样的决心：“自古驱民在信诚，一言为重百金轻。今人未可非商鞅，商鞅能令政必行。”自己将效法战国时期的改革家商鞅，用诚信排除一切怀疑，坚定不移地推行新法。

一个人的力量毕竟有限，再大的决心也阻挡不了民意汹汹。

王安石在西夏挑衅之际频繁用兵，虽取小胜，但最终失利，导致辽国卷土重来，加上久旱成灾，饥民流离失所，保守派们遂以天怒人怨为借口，轮番攻击新政。所有不利因素重重发力，使宋神宗大为动摇。加上新法本身不完善，引发了扰民、损民的后果，弄得人心大失。各阶层空前团结，用各种手段对王安石进行打击报复。他遭遇过暗杀、谩骂和人身攻击。朝中大臣纷纷指责，太皇太后更是利用身份对皇帝施压，要求罢免王安石。就连那些曾经支持变法的“王家班”成员也纷纷落井下石，一窝蜂地搞内讧。种种流言、附和、阻挠终于使神宗大受刺激，他开始相信这一切都是变法惹的祸。神宗正值壮志满怀、敢想敢干的年纪，但也是立场不稳、容易动摇的年纪。当周围的人齐刷刷地反对时，当“上天”频频降下灾难时，这位年轻皇帝越过王安石，没有任何前奏地下令：暂罢青苗、免役、方田、保甲等数项法令。

神宗宣布废除多项新法的当天，久旱的天空竟像得到圣旨般，下起了瓢泼大雨，所有人都开始失态地狂欢。这一切让王安石感到无限悲凉！自己成了国家公敌，陷入四面楚歌的境地。朝廷已经没有位置，留恋只徒增屈辱，王安石上书辞职。

迫于形势，两次罢相

公元 1074 年，王安石第一次罢相，第二次到江宁任知府。他用《梅花》抒发心志：

墙角数枝梅，凌寒独自开。

遥知不是雪，为有暗香来。

变法失败对王安石打击很大。他站在瓜洲渡口，禁不住思绪万千。

泊船瓜洲

京口瓜洲一水间，钟山只隔数重山。

春风又绿江南岸，明月何时照我还。

什么时候能够回乡与亲人团聚？什么时候能有一股春风吹散政治上的寒冬？心中悲哀无以言表。

王安石离开后，朝中乱象重重。改革成员吕惠卿任参知政事，继续推行其他变法。此人是个机会主义者，热衷改革只是为了攫取利益，他趁机把几个弟弟调入中央，安排在显赫职位，接着又在自己人中开始搞内斗。他害怕王安石卷土重来，不顾恩师的提携之情，不停地在神宗面前挑拨是非，揭发皇家宗室赵世居谋反，以此嫁祸陷害王安石；又攻击王安石的亲人，罗列了王安石弟弟王安国的许多所谓罪行后，密奏神宗。王安国被贬职回乡。吕惠卿又反对加封王安石的儿子王雱为龙图阁直学士。朝中大臣韩绛看到种种乱象，深感朝廷即将崩溃，于是密奏神宗，请神宗再用王安石为相。

公元 1075 年 2 月，距王安石罢相仅 10 个月，神宗下诏复用王安石为同平章事（宰相）。进京路上，王安石百感交集，梦想此次回京能够重振变法事业。他马不停蹄，仅用七天就抵达京城。

虽然父亲复职，但王安石唯一的儿子王雱想起父亲一手提拔的吕惠卿竟然对父亲恩将仇报，气不打一处来，决定替父报仇。他背着王安石给吕惠卿罗织罪名，欲“以其人之道还治其人之身”，并指示邓绾弹劾吕惠卿在华亭县置田产、收租、贪污等事。吕惠卿得知王雱在背后整自己，放出了最狠毒的大招：将当年自己与王安石来往的私信全部上交皇帝，直接将王安石推向深渊。从前王安石与吕惠卿是知己，无话不谈，所以王安石从来不避讳，书信来往期间，习惯性地在信的结尾处写上“不要让皇上知道”字样。虽然宋朝不搞文字狱，但这样的文字要认真追究起来，足以判个欺君之罪。吕惠卿就是想激怒皇上，让王安石倒霉。神宗还算大度，没有对王安石治罪，但对王安石的信任已经大打折扣，对他的态度逐渐变得冷淡起来，“意颇厌之，事多不从”。

王安石深感儿子此事做得过火，大发脾气。王雱气急攻心，病情急剧恶化，年仅33岁就猝然离世。中年丧子，王安石伤心得不能自已。刚回朝一年多，就发生了这么多事，王安石觉得万箭穿心、寒意阵阵。改革改革，可让改革闹得居然连儿子都没了，自己也身心俱疲、众叛亲离。儿子死了，力保自己的皇帝也再次变心了，这些打击让王安石变得心灰意懒。虽然神宗皇帝将吕惠卿贬出京城，但王安石对官场的畏惧日盛一日。

公元1076年10月，王安石再次申请辞职。神宗皇帝早没了先前的惺惺相惜，也不挽留，立即批准，改任他为镇南军节度使、同平章事、判江宁府。55岁的王安石第三次出任江宁知府。这次，他只是挂着虚衔，并于第二年辞去了江宁府长官一职。

执着对寂寞，归隐独自歌

世事沧桑，王安石决心换个活法。他在江宁府城东郊、钟山脚下，买下一个叫白塘的地方，然后雇人开渠排水、垫土植树，盖了几间简朴房子。“所居之地，四无人家。其宅舍仅蔽风雨，又不设垣墙，望之若逆旅之舍。有劝筑垣，辄不答。”如此萧索清寂，显示出王安石坚定的隐退之心。他将住宅命名为“半山园”，并自号“半山”。他改掉了一切当官时养成的习惯，褪去官服，清心寡欲，养鱼饲鸟，骑着毛驴，带着老仆人，漫山遍野地抒发自己的郁闷：“亲朋会合少，时序感伤多。胜践聊为乐，清谈可当歌。”改了外在改不掉内心，王安石依然保持着强烈的个性，出游时从不坐人力轿子，认为那是“以人代畜”。和年轻时一样，他穿得邋里邋遢，不修边幅。常年的风吹日晒，把这位曾叱咤一时、风光无限的改革家变成了一个普普通通的山野村夫。

年轻时，王安石就喜欢交往高僧，与蒋山赞元禅师的交情很深。当上宰相后，赞元为避攀贵嫌疑，主动疏远王安石。如今，王安石辞官归隐，两人和好如初，终日在一起谈经论道。有时候，王安石步行到赞元禅师的定林寺，与赞元面对面坐半天，相对默默，无语心通。然后静静起身，悄悄离去。

王安石在寺院里有间书斋，不出游时就在书斋里读书写作、接待来访者。在这里，他写下了很多名篇：《己未耿天骘著作自乌江来予逆沈氏妹于白鹭洲遇雪作此诗寄天骘》："朔风夜积雪，明发洲渚净。开门望钟山，松石皓相映。"《北山》："北山输绿涨横陂，直堑回塘滟滟时。细数落花因坐久，缓寻芳草得归迟。"隐退山野并不意味着萎靡消沉，他仍像以前一样喜欢安静，喜欢读书，尤其喜欢万木葱茏的春季。他感觉灵敏、思路清晰，对自然有着天然的亲近感。

木末

木末北山烟冉冉，草根南涧水泠泠。

缲成白雪桑重绿，割尽黄云稻正青。

浣溪沙·百亩中庭半是苔

百亩中庭半是苔，门前白道水萦回。爱闲能有几人来？

小院回廊春寂寂，山桃溪杏两三栽。为谁零落为谁开？

百亩大的庭院有一半是青苔，有一条沙路、一条小溪。如此清幽之地，有谁会来呢？春天到了，院子的回廊安静得很，三三两两的桃树和杏树，花儿究竟为谁开放、为谁凋零？

菩萨蛮·数间茅屋闲临水

数间茅屋闲临水，窄衫短帽垂杨里。花是去年红，吹开一夜风。

梢梢新月偃，午醉醒来晚。何物最关情，黄鹂三两声。

诗人穿着单衣、戴着小帽穿行树丛，醉醺醺地睡去，醒来时已是夜晚。什么东西最触动情感？想来还是深藏树丛里的黄鹂鸟啼叫的那两三声。

跌宕一生，寂然落幕

公元 1084 年，王安石得了一场大病。病愈后，他豁然看透人生，将整个“半山园”都捐给了寺院，然后在淮河边租了一个小独院独居。

公元 1085 年，宋神宗去世。第二年，司马光重新拜相，上任不久即宣布废除新法。王安石再也克制不住，失声痛哭。任何人都难以忍受孤独，处在逆境的人由于缺乏信任的人，对这种孤独更加敏感。孤独将王安石击垮，他的心情跌入谷底。他用手敲床，高声叹息，一遍遍地写“福建子”（吕惠卿出生在福建）三字抒发心情，写着写着就仰天长叹：“吕惠卿误我。”这个名字像催命符一样，彻底击垮了王安石的斗志。

王安石变法虽多次遭到保守派攻击，但压垮变法派阵营最后一根稻草的却是他自己。从王安石的个性来讲，太执着是把双刃剑。当时的社会环境并不能承载变法这样过激、过猛的大动作。加上他刚愎自用，不通世故，对众多好友的提醒视而不见；出了问题后不对新法加以改进，不查找团队原因，也不整顿吏治，而是打击上书大臣，压制舆论，赚足了“狷狭少容”的评价。他对反对变法者采取了异常激烈的压制手段，常以辞职要挟皇帝对他们加以处置，导致包括他的靠山韩维，荐主文彦博、欧阳修，他原来的上司富弼、韩琦，老朋友范缜、司马光等当时的重臣全被赶出朝廷。这些老臣和贪赃枉法、利禄熏心的腐败官僚不同，他们真正担心的是激烈的变法引起天下大乱。这些精英被贬后，王安石在我行我素的道路上越走越远。

王安石表现出了一个倔强者所能表现的最激烈态度：不畏天、不畏祖宗、不畏百姓、不畏王法。人最可贵的不是勇往直前，而是有所敬畏。只有心存畏惧，才会三思而行。孔子曰，君子有三畏："畏天命、畏大人、畏圣人言"。就连一言九鼎的皇帝，内心也畏惧谏官之口和史官之笔。像王安石这样无所畏惧的人还有什么可怕的？人一旦如此，就会失去理性。正是王安石倡导的无所顾忌的精神，让他的团队得到了精神暗示，找到了光明正大贪污受贿的理由，把好端端的改革弄成了祸国殃民的劣政。

公元 1086 年，王安石去世，这个强人的时代结束了。

官场上的王安石有很多政绩，但都被变法的光芒掩盖了。文学上的王安石反对奢靡之风，强调为文的实用性，有力推动了北宋中期的诗文革新运动。他的作品理性多过浪漫，那种高瞻远瞩的政治家风范是婉约派们所无法理解的。在他诸多的作品中，有一首美得令人心醉的《偈颂十八首其一》："今朝五月正清和，榴花诗句入禅那。浓绿万枝红一点，动人春色不须多。"

在历史的长河中，王安石的为人和他的事业，是否一如他描写的动人春景，带给世人无尽的回味和怀念呢？

生活虐我千百遍，我待生活如初恋

苏轼

苏轼其实是个悲剧人物。他的苦难从22岁就开始了：30岁之前，经历了丧母、丧妻、丧父之痛；42岁摊上冤案，差点丢命，不停被贬；47岁丧子；60岁依然被贬，直至64岁去世。人生所有的遭遇，他基本都经历了一遍。在《自题金山画像》中，他只是轻描淡写，象征性地用三个地域就将自己一生总结完毕：问汝平生功业，黄州惠州儋州。那些漫长漂泊的日子里，隐去的不止是苦难，还有诽谤、攻击、孤独、贫穷、疾病、死亡…… 他没有在颠沛流离中萎靡颓唐、骂天怨地，反而越走越通达，越走越开明，留给这个世界的始终是嬉笑洒脱的智者形象。他以豁达乐观为线，串起了所有苦难，用独有的个性魅力写就了一本让人忍不住一翻再翻的名著。

石道人清瘦

眉州苏家诞生的“巨人”

在父亲苏洵看来，苏轼从一出生，命运便被定格。

公元1037年，四川眉州的苏家诞生了一个胖小子。父亲苏洵兴奋地抱着婴儿，细细端详着。他看见婴儿后背有一颗黑亮的大痣，兴奋地对妻子说：“这绝对是一颗好痣！它位于后背正中，犹如太空星斗，预示着才华横溢。这孩子日后必定会成为国家栋梁。”说得妻子喜笑颜开。苏洵又仔细端详婴儿的脸庞，看着看着，眼神却瞬即黯淡。妻子捕捉到了这微妙的变化，急问怎么回事。许久，苏洵才回过神来：“从这孩子的长相来看，他性格豪爽，锋芒毕露，不善于世故变通之道，恐怕日后会遭口舌之灾。”苏洵的第六感是准确的，男孩长大后果然才情了得，在诗词散文书画方面成绩斐然，还通晓医学。然而，纵有这一身才艺也未换得仕途通畅。他总是被小人算计、被小人排挤，一生不是在被贬之地，就是在去往被贬之地的路上。

苏轼的科考之路还是非常顺利的，要不是试卷被欧阳修误认为是自己的学生曾巩所作而避嫌列为第二名，本来苏轼应该高中状元。然而就在他刚要开始大展拳脚时，母亲病逝，他赶紧回乡守孝。没隔几年，爱妻王弗、父亲也先后病故。苏轼在官场之门刚刚打开之际，就接连遭遇了这么多家门不幸。等他回到朝中，王安石变法已经开始了。他觉得变法过于激进，便直言相怼。官场新人跟当朝宰相对着干，这能有什么好结果？

1071年，苏轼迫于形势，请求出京，被外放任杭州通判，然后至密州、徐州、湖州等地任知州。1079年，他在湖州任上因写诗获罪，被押解回京蹲了四个月的大狱，酿成轰动天下的“乌台诗案”，出狱后被贬为黄州团练副使。1084年至汝州，途中幼儿夭折、钱粮告罄，苏轼很是凄惶。神宗驾崩后，苏轼复为朝奉郎知登州，四个月后被召回朝，入京后升中书舍人、翰林学士知制诰、知礼部贡举；又因新法及腐败问题上奏遭排挤，再次至杭州。在杭州，他兴医办学，疏浚西湖，建成“苏堤”。1091年，苏轼被召回朝，因对罢免役法持与新党不同意见，先后外放至扬州、颍州、定州。1094年6月，苏轼被贬为宁远军节度副使，又被贬至惠州。1097年，苏轼被贬至海南岛。1101年遇朝廷大赦，复任朝奉郎，于1101年8月24日在北归途中卒于常州。究其一生，他被贬三次，外放无数次，都是因为变法而起，是良知害了他，也是直言不讳害了他，然而，也因此，他赢得了世道人心。

无数次颠簸，将苏轼的精神境界颠到了高峰，他咏物说理、论禅谈情、感慨身世、抒发情怀，把自己的生活情趣、政治抱负、亲友情谊、居地见闻、风景习俗全部诉诸笔下。其作品雄伟豪放、开阔辽远，只要读过，无不过目难忘！

生产如此高质量好文者，不是多情之人就是性情中人！

三生三世三任贤妻

公元1075年的一天，身在密州的苏轼做了一个梦，醒后就有了千古悼亡第一词《江城子·乙卯正月二十日夜记梦》：

十年生死两茫茫，不思量，自难忘。千里孤坟，无处话凄凉。纵使相逢应不识，尘满面，鬓如霜。

夜来幽梦忽还乡，小轩窗，正梳妆。相顾无言，惟有泪千行。料得年年断肠处，明月夜，短松冈。

妻子去世10年了，虽然不得相见，可心里从未忘记她“小轩窗，正梳妆”的样子。

一个梦，将与妻子共度的岁月拉回到眼前。

妻子叫王弗，是乡贡进士王方之女。结婚时，他19岁，她16岁，少年夫妻，感情甚笃。王弗性格“敏而谨，慧而谦”，是位知书达理的才女。苏轼在读书著文时，每有疑问，王弗总能对答如流。更可贵的是，她成熟老练，比苏轼更通人情世故，尤其对人的心理变化捕捉得很精准，这就和苏轼形成了互补。苏轼敞亮通透，毫无心机，经常不知不觉间得罪人。王弗深知丈夫性格耿直，时常提醒他“你离父亲远了，凡事没人指点，不可不慎重”。

为使苏轼人际关系更和谐，每有客人来访，王弗便在屏风后静听，过后再将自己的建议告知苏轼。时间长了，苏轼在人情往来上也有了一些长进。这样的妻子是师长型的，她对丈夫的事业有直接的帮助和影响。可惜这样举案齐眉、取长补短的好姻缘只持续了11年，27岁的王弗就病逝了。虽然时光在流逝，可那些记忆的片段、相处的时光，都在苏轼心里刻下了甜蜜的伤痕。他永远都记得，她说自己喜欢松树……那就将思念与不舍传达与松，让它们生生世世陪在她身边吧。日复一日，年复一年，一把土、一瓢水，苏轼终于在爱妻的坟墓周边种满苍翠的青松。

苏轼的第二任妻子是王弗的堂妹王闰之。王闰之虽和才女不沾边，却是个难得的贤妻良母，和苏轼相伴25年，历经苦难，几乎所有失意时期都是她陪伴在侧。苏轼记述：“仆居东坡，作陂种稻，有田五十亩，身耕妻蚕，聊以卒岁。”王闰之虽不像王弗那样能与苏轼琴瑟和鸣、和诗弹曲，却是最得力的生活助手，衣食住行，她样样在行，甚至还能充当兽医。在黄州时，苏轼全家赖以生存的50亩地全靠一头老水牛耕种。后来，牛得了重病，苏轼悲伤绝望，王闰之果断地取青蒿做粥给牛吃，结果药到病除。正因为有这样一位能干的妻子，把家庭经营得井井有条，将生活打理得妥妥帖帖，左邻右舍相处得和谐愉快，苏轼才能在温暖的包围中，腾出手来全心搞创作。他一生中最有生命力的作品，如前后《赤壁赋》《念奴娇·赤壁怀古》等都在这段时间内喷薄而出。

公元1085年，宋神宗驾崩，12岁的哲宗继位，高太后垂帘听政，朝廷启用先前贬谪的反对变法者。苏轼的好日子来了，调汴京担任知制诰兼侍读、龙图阁学士、礼部尚书等职。这段时期，苏轼的仕途很不错，谁知王闰之只过了几年舒心日子，便于46岁辞世，伤心难过的苏轼发出了“惟有同穴”的感慨。他写给王闰之的词是《蝶恋花·泛泛东风初破五》：

泛泛东风初破五。江柳微黄，万万千千缕。佳气郁葱来绣户，当年江上生奇女。

一盏寿觞谁与举。三个明珠，膝上王文度。放尽穷鳞看圉圉，天公为下曼陀雨！

后来，苏轼娶了曾经的丫环王朝云。

公元1094年，年近花甲的苏轼被贬往蛮荒之地广东惠州。家里下人都露出畏难情绪，只有朝云坚决追随，愿意和他同甘共苦、生死相依。在惠州，苏轼写过一首《蝶恋花·春景》：

花褪残红青杏小，燕子飞时，绿水人家绕。枝上柳绵吹又少，天涯何处无芳草？

墙里秋千墙外道，墙外行人，墙里佳人笑。笑渐不闻声渐悄，多情却被无情恼。

王朝云常常唱这首词为苏轼聊解愁闷，每次唱到“枝上柳绵吹又少”这句就难掩惆怅，泪花点点。东坡问其原因，朝云说，一唱到这句，就想起了苏轼宦海浮沉、沦落天涯受苦的情形，不禁同感在心，继而泪下如雨（古人认为，芳草为柳绵所化，待枝上柳绵吹遍天涯，芳草也就随风而生）。

张爱玲说：因为懂得，所以慈悲。万丈红尘，唯有你知我懂我。所谓心心相印、心有灵犀，大概就是此种情形吧。

王朝云是杭州人。苏轼在杭州任通判时与友人喝酒。席间，12 岁的王朝云一会儿浓妆，一会儿素颜，轻歌曼舞，清丽脱俗的模样深深吸引了苏轼，让他由此联想到美丽的西湖在不同的天气中那多变的身姿，他继第一首赞美西湖的诗“朝曦迎客艳重冈，晚雨留人入醉乡。此意自佳君不会，一杯当属水仙王”后，又写下了这首著名的“水光潋滟晴方好，山色空蒙雨亦奇。欲把西湖比西子，淡妆浓抹总相宜”。谁能料到，这都是从 12 岁的朝云身上得来的灵感呢？

后来，苏轼托人将朝云买回来给王闰之做了贴身丫头。天资聪颖的王朝云到了苏家，从学字识文渐至知书达理，颇受王闰之赏识。在王闰之的建议下，苏轼将 18 岁的王朝云收为如夫人。朝云虽比苏轼小 27 岁，但聪明早熟。苏轼因为反对司马光尽废新法，被旧党排挤出京出任杭州通判，心中郁闷。他开玩笑般问家人，自己的大肚皮里到底装了些什么，怎么老是惹祸。有说是满腹诗句，有说是满腹经纶，唯有朝云回答：装着一肚皮的不合时宜！苏轼一惊，当即就在心里把朝云引为知己。他用《西江月·梅花》刻画了对这位小妻子的感情：

玉骨那愁瘴雾，冰姿自有仙风。海仙时遣探芳丛，倒挂绿毛幺凤。

素面翻嫌粉涴，洗妆不褪唇红。高情已逐晓云空，不与梨花同梦。

王朝云为苏轼生了一个儿子，取名遁，寓意消遁、归隐。孩子满月时，苏轼想起自己昔日名噪京华，而今“却自惭不为人识”。一路走来频受打击，走的全是下坡路。他感慨万端，为儿子写下了一首诗：“人皆养子望聪明，我被聪明误一生；惟愿孩儿愚且鲁，无灾无难到公卿。”表达了一个父亲浓浓的护子情。后来，两岁的苏遁因为中暑，死在朝云怀里。苏轼伤心至极：“忽然遭夺去，恶业我累尔！衣薪那免俗，变灭须臾耳。归来怀抱空，老泪如泻水。我泪犹可拭，日远当日忘。母哭不可闻，欲与汝俱亡。故衣尚悬架，涨乳已流床。”第一段写自己，第二段写朝云。苏轼懂医，孩子的病本来自己可以治，可是爱有多深，情就有多怯！他怕万一失了手，这事就会成为心中永远的痛。可如此的小心翼翼，孩子还是不幸夭折了。

这件事对朝云的打击很重，使她虚弱的身体更加不堪重负。本来，朝云从小生在杭州，习惯了南方的暖山暖水，可岭南闷热潮湿的恶劣气候导致她水土不服，加上儿子的离去，她仅仅 34 岁便病逝了。临终前，朝云紧握苏轼的手，念着《金刚经》上的偈语：“一切有为法，如梦幻泡影，如露，亦如电，应作如是观。”按照朝云遗愿，苏轼将她葬于惠州西湖孤山栖禅寺大圣塔下的松林中，于墓前建“六如亭”，苏轼曾撰写楹联于此：“不合时宜，唯有朝云能识我；独弹古调，每逢暮雨倍思卿。”

朝云去世后，苏轼终生没再听那首《蝶恋花·春景》。

苏轼的婚姻是不幸的。他的三任妻子，一个是事业助手，一个是生活通，另一个则是心灵知己。如果王弗活着，苏轼的仕途也许会顺利些；王闰之活着，苏轼可能会少吃些苦；王朝云活着，苏轼的心灵可能会更丰盈。她们带走了陪伴，留下的是三生三世的长情和真爱。在未知的旅途中，这给了苏轼无尽的力量。虽然对于人世间的种种磨难，他应付得手忙脚乱，但在心里、在梦里，她们仨，永远都在前方指引他、鼓励他。

史上最动人的手足情

苏轼对妻子深情，对自己的弟弟苏辙用情也极深。

兄弟俩从小一块儿学习、一块儿玩耍，就连考试作弊这样的事，都能心照不宣地做到一块儿去。北宋蔡絛《铁围山丛谈》记载：苏轼、苏辙兄弟二人在四川参加乡试。别人都在奋笔疾书，苏轼一时大脑空白，愣是想不起来题目是出自哪部书。不知考题出处，自然写不出文章。苏辙答完卷子，一回头发现苏轼正两眼茫然，瞬间明白了，遂竖起毛笔用嘴轻轻地吹了吹。苏轼见到弟弟的动作，心领神会，原来考题出自《管子》的注文，他低头疾书，顺利交了卷。

后来，两兄弟又参加了制科考试（由皇帝亲自出题），考题是《礼义信足以成德论》。这回轮到苏辙发傻了。苏轼看到弟弟眉头紧锁的窘相后马上明白了缘由，他假装发怒，一面拍桌子、一面小声嘀咕“小人哉！小人哉！”苏辙瞬间领悟：此题出自《论语》的“樊迟学稼”注。这是孔子骂樊迟的一句话：“小人哉，樊须也！”这一次，兄弟二人又双双高中。

如此奇特的经历，如此默契的心灵感应，兄弟二人怎能不惺惺相惜？

性格互补者做朋友才长久，这二人便是如此。苏辙持重沉稳，沉默寡言。而苏轼外向乐观，无论什么时候，对什么人，都喜欢口无遮拦，这种性格在官场中是大忌，以至于苏轼做官，几乎都是贬官。

公元 1074 年，苏轼由杭州通判调往密州任太守。当时，密州干旱，发生了严重蝗灾，盗贼横行，遍野弃婴。他带领百姓灭蝗，恢复生产，把弃婴归拢一起埋葬，接着办育婴堂、修堤坝应对水灾……做完这一切，苏轼身心疲惫。他登上超然台，望着暮春时节的烟雨，不由地思念亲人，更思念弟弟。

望江南·超然台作

春未老，风细柳斜斜。试上超然台上看，半壕春水一城花。烟雨暗千家。

寒食后，酒醒却咨嗟。休对故人思故国，且将新火试新茶。诗酒趁年华。

看着风景，郁闷的心情似乎好了点。他开始自我安慰：别在老朋友面前思念故乡了，点上新火烹煮新茶，要知道老了干什么都不中用，干吗那么惆怅？干吗不做快乐事？作诗醉酒也要趁年轻嘛！

公务之余，苏轼喜欢打猎。他在《与鲜于子骏书》中说："数日前，猎于郊外，所获颇多，作得一阕，令东州壮士抵掌顿足而歌之，吹笛击鼓以为节，颇壮观也！"此阕就是豪情万丈的《江城子·密州出猎》：

老夫聊发少年狂，左牵黄，右擎苍，锦帽貂裘，千骑卷平冈。为报倾城随太守，亲射虎，看孙郎。

酒酣胸胆尚开张，鬓微霜，又何妨！持节云中，何日遣冯唐？会挽雕弓如满月，西北望，射天狼。

牵狗携鹰，一身短装，纵身上马，追赶猎物，风驰电掣于林间山冈。有朝一日，定当拉弓射箭，将代表西夏的天狼星射下来！

虽然苏轼过得并不寂寞，可是思念弟弟的心没有任何一件事可以填满。到了第二年中秋，这种念头更重了。他已经七年没见到弟弟了，那份排解不掉的牵挂，也许只有酒才能缓解。苏轼邀来朋友，饮酒唱和后大醉。他提起笔，将那浓得化不开的想念全部融进了《水调歌头·明月几时有》。

水调歌头·明月几时有

丙辰中秋，欢饮达旦，大醉，作此篇，兼怀子由：

明月几时有？把酒问青天。不知天上宫阙，今夕是何年。我欲乘风归去，又恐琼楼玉宇，高处不胜寒。起舞弄清影，何似在人间。

转朱阁，低绮户，照无眠。不应有恨，何事长向别时圆？人有悲欢离合，月有阴晴圆缺，此事古难全。但愿人长久，千里共婵娟。

非刻骨思念，写不出如此空灵蕴藉、格调高古的名篇。能把兄弟情演绎得如此凄婉的只有苏轼。自己被贬时，曾上书要求贬到离弟弟近点的地方，以便随时相见。可朝廷哪肯遂了一个“待罪”之人的心愿？距离隔开的是牵挂，更是世间最浓的兄弟情。

苏轼几乎每到新任所，第一件事就是给弟弟写诗，像写情书一样频繁。如《示子由》《别子由》《和子由》这类以“子由”为题的诗词就超过100首。苏轼知道，天下无一人如苏辙一样知他、懂他、爱他、敬他。而面对哥哥不断地惹祸、不断被牵连，苏辙也总是竭尽全力地为他周旋，安置他的家眷，出资出力，从无怨言。

公元1079年，苏轼调任湖州太守，临行前，他给朝廷写了一篇《湖州谢上表》。他例行公事地对皇帝表达了感谢之后，一下子没能控制住情绪，最后吐槽了一段话：“知其愚不适时，难以追陪新进；察其老不生事，或能牧养小民。”意思是：皇上知道我愚笨不适应新法改革，不能追随那些新进者；皇上知道我年老不会多生事端，或许能管理一方小民。此时正是朝廷内讧上演最激烈的时候。王安石新党成员吕惠卿、李定、舒亶等为争夺名利，互相检举揭发，栽赃陷害，乱成一团。苏轼的这段话让新党成员们乐出了声：总是唱反调反对变法，这下总算抓住小辫子了。你年老不会多生事端，我们主张变法就是多生事端，皇上支持变法，那不就是无事生非吗？为了彻底剔除苏轼这个改革路上的绊脚石，他们又从苏轼其他的诗句中断章取义，大肆诬陷，罗织了很多“证据”，说他诽谤朝廷，阻碍国家进步。

苏轼任湖州太守没多久，祸就从天而降，皇帝派了钦差来湖州拿人。家眷悲痛大哭，苏东坡却轻描淡写地开起了玩笑：“今日捉将官里去，这回断送老头皮。”得知苏轼在任上被捕，成千上万的百姓自发聚集街头，夹道相送，并日夜焚香念佛，为他祈祷，百感交集的苏轼眼含热泪。这个一向乐观的人，在近20天的路程中一路沉默。被押解回京后，苏轼立即被投进汴京乌台监狱。这就是宋朝最轰动的文字狱：乌台诗案。

苏轼在狱中受尽折磨——那伙人是要将他置于死地的。苏轼和儿子苏迈有一个秘密约定：送肉表示安全，送鱼则表示大限已到。有一天，苏迈临时外出，安排别人送饭，忘了交代此细节，结果那人送了鱼。苏轼一看，心凉半截：看来是不能与弟弟“我醉歌时君和，醉倒须君扶我”了。他满怀绝望，给弟弟写下了深情的诀别诗：

狱中寄子由

圣主如天万物春，小臣愚暗自亡身。

百年未满先偿债，十口无归更累人。

是处青山可埋骨，他年夜雨独伤神。

与君世世为兄弟，更结来生未了因。

他拜托弟弟照顾自己一家十口，自己愿和他生生世世做兄弟。苏辙大哭，发誓拼却一切力量也要换哥哥活着。他到处打点，即使搭上仕途也不在乎，上了《为兄轼下狱上书》的奏折，请求皇帝用自己的官职换取哥哥的自由。在苏辙及朝中官员范镇、张方平、王安石和弟弟王安礼等人及太

皇太后的求情下，神宗终于相信苏轼并无反心，他也不想违背太祖“不杀重臣、不杀士大夫”的祖训，遂免苏轼死罪，贬黄州。因苏辙的奏折写得太真情，苏辙同时被贬。

四个月的狱中生活结束了，在迎接哥哥出狱时，苏辙用心良苦地用手捂住了苏轼的嘴，意为让他三缄其口。苏轼答应了，但那与生俱来的秉性怎可能转瞬改掉？当晚，他又写道：“平生文字为吾累，此去声名不厌低。塞上纵归他日马，城东不斗少年鸡。”幸亏这首诗没传出去，如果朝廷追究起来，又够他喝一壶的。弟弟知道后，与他彻夜长谈。兄弟二人自幼就在一起读书玩耍，遇事总是一起面对。苏轼曾说过：“我年二十无朋俦，当时四海一子由。”在苏轼心里，苏辙是弟是友，更是心心相印的知音。

苏轼在常州病重期间给弟弟写了一封信：“即死，葬我于嵩山下，子为我铭。”当日后哥哥病逝的消息传来，苏辙悲痛难抑。

再祭亡兄端明文（节选）

惟我与兄，出处昔同。幼学无师，先君是从。

游戏图书，寤寐其中。曰予二人，要如是终。

弟弟给哥哥写墓志铭：“我初从公，赖以有知。抚我则兄，诲我则师。”苏轼死后，苏辙以一人之力，将哥哥的家眷及自家100多人并为一处，担起抚养重任。他将哥哥葬于河南郏县小峨眉山附近，嘱托妻子：自己死后也葬于此地与兄做伴。苏东坡死后11年，苏辙终于与哥哥长眠一处，实现了生前“对床夜雨听萧瑟”的承诺，永生永世相伴长眠。

舌尖上的黄州，成就诗词高峰

公元 1080 年，43 岁的苏轼和长子苏迈在御使押解下离开京师，去往黄州任团练副使。

黄州位于长江边上，在今天的湖北黄冈，当时是个穷苦小镇。无房可居，苏轼就住到了定惠寺，与僧人起居一处。夜深人静睡不着，苏轼步出庭院，天空中一轮明月，影影绰绰地从树枝间透过一丝微光。苏轼呆呆地望着天空：我本将心向明月，奈何明月照沟渠！这一刻，有谁像自己这样在这无边的寂寞里，独自徘徊……

卜算子·黄州定慧院寓居作

缺月挂疏桐，漏断人初静。谁见幽人独往来，缥缈孤鸿影。

惊起却回头，有恨无人省。拣尽寒枝不肯栖，寂寞沙洲冷。

苏轼为没有原则、乱象横生的官场悲哀，为自己的命运感叹。乐观者的愁闷总是如昙花一现，天亮后，苏轼就换了面孔，他满怀期待地到处闲逛，终于发现了黄州的可爱之处：这个地方三面环水，河流湖泊到处都是，那不意味着有鱼吃了吗？再环顾四周，山坡丘陵，沟谷幽径，到处都是生机勃勃的竹林，那不就等同于竹笋多多吗？老是吃苦吃苦，逮着机会也该吃点好吃的了。如此善于用发现挤走哀伤，苦中作乐，是苏轼对待生活的超然本色。

初到黄州

自笑平生为口忙，老来事业转荒唐。

长江绕郭知鱼美，好竹连山觉笋香。

逐客不妨员外置，诗人例作水曹郎。

只惭无补丝毫事，尚费官家压酒囊。

四个月之后，家人全都来了，这给苏轼带来了莫大安慰，结束了形单影孤的局面。但新的问题也来了：即将面临断炊窘境。他的职位——团练副使是个虚职，没编制、没权力、没工资，“不得签署公事，不得擅去安置所”。苏轼只好把有限的积蓄挂在房梁上，每日取一点点，精打细算地挨日子。口袋虽干瘪，但黄州的物产并不贫瘠，有鱼有笋还盛产猪肉。当地人喜欢吃鱼和笋，猪肉却受到冷落，“贵者不肯吃，贫者不解煮”。极有吃货天赋的苏轼尝试着猪肉的各种吃法，他把猪肉洗净，用调料腌好，架起小火慢慢熬：“净洗铛，少著水，柴头罨烟焰不起。待他自熟莫催他，火候足时他自美。黄州好猪肉，价贱如泥土。贵者不肯食，贫者不解煮。早晨起来打两碗，饱得自家君莫管。”命运也是如此啊，细水长流，小火微燎，莫管它艰难困苦，只管开心过活，火候到了一切自然就会顺利起来。发自内心的热爱和细致加工，让他为猪肉注入了新的灵魂。在味蕾的极度满足中，生活的困苦似乎也随着美味一一下咽并随之消化。这种“深自闭塞，扁舟草履，放浪山水间，与樵渔杂处”的生活让苏轼的心慢慢回归强大，即使遭受突如其来的不公，也不当回事。

有一次，苏轼到黄州夜市喝酒，不小心踩了地痞的脚。那莽汉一把将他抡倒：“什么东西，敢踩爷爷的香蹄儿！”地痞当然不知道此人是苏轼，挨了揍倒地的苏轼不恼不怒，竟然傻乎乎地咧嘴笑了。他写信给好朋友马梦得：“自喜渐不为人知。”原来他为这个而笑。以前，苏学士之名天下闻，走哪儿都有人尾随追逐；而今终于成了无名之辈，他欢喜着那份没人认识自己的清静之美，似乎拣了天大的便宜，偷了别人的浮生半日闲似的。若论没心没肺、自嘲宽怀，谁比得过苏轼？

故人马梦得看那么高级别的大学士苏轼一分钱掰成两半花，从早到晚挖菜钓鱼为全家老少的嘴巴生计忙活，心里不禁有点隐隐作痛，便上书太守徐君猷，请求将闲置的50亩荒地划拨给苏轼，以改善其生活境遇。这可把苏轼高兴坏了，他才不在乎自己从高官变成农民，立马换上农民装束开荒种地。

有一种淡定叫安之若素，有一种快乐叫随遇而安。苏轼戴着帽子，在东面山坡，用那双拿笔的手，笨拙而又辛勤地耕耘着。乡民们都喜欢这个有知识、没架子、睿智而又风趣的官人，称他“东坡居士”。没几日，他便在繁重的农活儿中体会到了别样乐趣。从前一直靠俸禄生活，如今躬耕于土地，才知道五谷、蔬菜、水果是怎么来的，才知道树木、花卉、杂草是怎么长的。他欢喜于播种与收获，欢喜于每一个新奇的发现，就连农妇撒泼、壮汉斗嘴都觉得其乐无穷。他从没有如今这般亲近土地，亲近着那些形形色色的、原始甚至野蛮的自然百态，于是干脆锦上添花，在东面坡地搭建了草房，起名“东坡雪堂”，自嘲自己变成了黑鬼：“去年东坡拾瓦砾，自种黄桑三百尺。今年刈草盖雪堂，日炙风吹面如墨。”

生活是需要变化的，有变化就有感悟，有感悟始有升华。苏轼开始满血复活，黄州正在成为他精神飞跃的平台。

十几年宦海沉浮，曲折百回。迅速放下过去，认清现实，活在当下，这样的苏轼，思想境界发生了深刻变化，对人生豁然开悟：有亲人有知音，有酒友有笔友，只要生活过得下去，有什么好悲伤的？眼界和心胸成全的意象汇聚在苏轼笔下，形成了气象万千、大气磅礴的文字风格。随着文学修养日臻完美，这个黄州“老农”渐渐成长为一代精神大儒！

在黄州，苏轼是时间的富翁，没公务、没应酬，游山玩水成了主业。农忙过后，这只自由的野鹤来到黄州城外的赤壁矶——史上曾发生赤壁之战

的地方。那壮丽的景色、古朴的气息，让苏轼思绪激荡：

念奴娇·赤壁怀古

大江东去，浪淘尽，千古风流人物。故垒西边，人道是，三国周郎赤壁。乱石穿空，惊涛拍岸，卷起千堆雪。江山如画，一时多少豪杰。

遥想公瑾当年，小乔初嫁了，雄姿英发。羽扇纶巾，谈笑间，樯橹灰飞烟灭。故国神游，多情应笑我，早生华发。人生如梦，一尊还酹江月。

开头以滚滚长江浪淘尽，引出千古风流人物！一扫平庸萎靡之气，豪迈宏大的气魄瞬时就把读者带进了万马奔腾、惊心动魄的战争场面，使人心胸开阔、精神振奋！下阕中，词人回到了现实，自己应放眼大江，举杯赏月。辉煌落魄不足惜，只有通过情感的宣泄才能抵达最终乐土！清代词论家徐轨谓东坡词“自有横槊气概，固是英雄本色”。这首千古绝唱就有这种气概。它一问世，即成为北宋词坛上最引人注目的壮词之一。

继此，许多不朽作品，如前后《赤壁赋》《石钟山记》，以及学术研究作品《易传》《论语说》和《赠弟辙》等，都在这个时期集中产出……同时代的人都被远远地落在身后，成为他忠实的粉丝。如果没有生活的磨砺和感受，焉有如此苍凉雄浑的诗句；如果没有对逆境安然处之的心境，焉有这种饱满沉厚的激情。“乌台诗案”让他九死一生，那种死而后生的历练成就了苏轼，造就了苏轼，也提升了苏轼。谁说祸无益处呢？人的成长，思想的升华，往往来自于挫折和磨难！

在田园诗般的生活中，苏轼常去访师问友。他划着小船过江去四川，和谁都能交上朋友：酒店老板、大夫、农民、手艺人。有时呼朋引类，有时独自高吟，累了荒郊野外就地一躺，渴了掬一捧山泉。在游览蕲水清泉寺时，又有名篇问世。

浣溪沙·游蕲水清泉寺

山下兰芽短浸溪，松间沙路净无泥，潇潇暮雨子规啼。

谁道人生无再少？门前流水尚能西！休将白发唱黄鸡。

谁说人生不能再回少年？门前溪水尚西流不止！为何要在老年感叹时光飞逝？幸亏古代没有拍照设备，否则世间会少了很多诗词大家，而多出一些摄影家。毕竟按快门脑细胞消耗得少，思考量小嘛。

《东坡志林》记载：“黄州东南三十里为沙湖，亦曰螺蛳店。予买田其间，因往相田，得疾。”这是发生在苏轼贬黄州后第三年的事。

定风波·莫听穿林打叶声

三月七日，沙湖道中遇雨。雨具先去，同行皆狼狈，余独不觉。已而遂晴，故作此词。

莫听穿林打叶声，何妨吟啸且徐行。竹杖芒鞋轻胜马，谁怕？一蓑烟雨任平生。

料峭春风吹酒醒，微冷，山头斜照却相迎。回首向来萧瑟处，归去，也无风雨也无晴。

这首词中的苏轼豁达得让人惊叹。不经历沉入谷底的折磨，哪有力量从低谷攀到高峰！在某些精神特质上，这个人似乎和李白有着微妙的相似之处。李白的天真令人如醉如痴地迷恋，苏轼的豁达则令人仰慕神往。你听：不必在意那穿林打叶的落雨声，不妨一边吟咏长啸、一边悠然行走。竹杖和草鞋轻捷得胜过骑马，有什么好怕?！一身蓑衣任凭风吹雨打，照样过我的一生。一个潇洒不羁的萌主形象，仿佛穿过千年光阴，迈过沧海

桑田，微笑着对你示意。那种胜败两忘、不以为然的超脱境界，令人久久回味。

有一次，东坡和朋友喝完酒回家已是半夜，敲了很久都无人开门，只好跑到江边挨冷受冻地听涛声依旧。第二天，《临江仙·夜饮东坡醒复醉》漫天疯传：

> 夜饮东坡醒复醉，归来仿佛三更。家童鼻息已雷鸣。敲门都不应，倚杖听江声。
>
> 长恨此身非我有，何时忘却营营？夜阑风静縠纹平。小舟从此逝，江海寄余生。

太守虽然很老，但耳朵不聋，老人家吓坏了："江海寄余生"，这不是要跑路的节奏吗？如果苏轼跑了，自己的乌纱帽不保不说，老命恐怕也会被牵连了。他早已忘了年龄，用尽平生力气，像个小伙子一样一路飞奔，跑到苏轼住处趴窗相看：但见老苏轼四仰八叉地躺在床上，鼾声如雷！

苏轼喜欢上了黄州这个地方：虽穷山恶水，但民风淳朴；虽不像京城那样谈笑有鸿儒、往来皆高官，但自给自足的生活、平凡淳朴的乡亲带来的那份赤诚，让苏轼找到了生命之根，心情前所未有地欢畅，种地游玩、读书创作，哪一样都至情至性。最可贵的是这个地方能让他放松，能让他把随时捕捉到的诗意全部转化为笔下的传奇。还有什么比能自由自在写作更美好的呢？词作即人格，人格即词作。能将二者结合得天衣无缝，难道不是生命的大幸福么？

两去杭州，永难相忘

苏轼曾两去杭州。第一次是公元1071年因上书谈论新法弊病，惹得王安石怒不可遏。王安石让御史谢景温在神宗面前弹劾苏轼，弄得苏轼在朝中待不下去，只好请求出京任职，被授为杭州通判，任期三年。

同在京城为官的苏辙得知苏轼将要离开是非之地，很是高兴。他怕苏轼到杭州后又做诗写赋讥讽朝政惹祸，临别时除让苏轼三缄其口外，另以诗相赠："北客若来休问事，西湖虽好莫吟诗。"苏轼谨记在心，好吧，不写诗就搞政绩。

在赴任途中，路过镇江的金山寺，他写下了一首得意之作《题金山寺》：

潮随暗浪雪山倾，远浦渔舟钓月明。
桥对寺门松径小，槛当泉眼石波清。
迢迢绿树江天晓，霭霭红霞海日晴。
遥望四边云接水，碧峰千点数鸿轻。

这首诗很高妙，可以倒着读："轻鸿数点千峰碧，水接云边四望遥。晴日海霞红霭霭，晓天江树绿迢迢。清波石眼泉当槛，小径松门寺对桥。明月钓舟渔浦远，倾山雪浪暗随潮。"也只有学富五车、才高八斗的苏东坡能写出这般神品。到了杭州，苏轼谨记弟弟的话，少写诗少议政，多做事做好事。

在杭州，苏轼的天性完全得到了释放，幽默诙谐的一面尽情展露。他

和灵隐寺的佛印和尚是朋友。二人乘船游玩，苏轼看到河岸上有一条狗正在啃骨头，忽然魔性大发地吟道：“狗啃河上（和尚）骨！”谁料聪明的佛印马上把一把题有东坡居士诗词的扇子扔到河里，高声念道：“水流东坡诗（尸）！”这些好玩儿的段子在苏轼的生活中随处可见。正是这些有趣的灵魂之间的相互碰撞，给了苦难中的苏轼享用不尽的慰藉。当他漂泊在异乡街头，这些画面时不时地跳出来，让沉重的脚步不那么沉重，让漫长的旅途不那么漫长。

苏轼佛缘颇深。来杭州前，欧阳修曾向他介绍了杭州高僧惠勤。苏轼刚安顿好就前往孤山拜访，受到了惠勤、惠思二人的热情接待，他们开怀畅谈，很是投机。分别时，孤山现出大雪将临、一片寂然的冬日景象。《腊日游孤山访惠勤惠思二僧》描写了当时的情景和心境：“天欲雪，云满湖，楼台明灭山有无。水清出石鱼可数，林深无人鸟相呼。腊日不归对妻孥，名寻道人实自娱。道人之居在何许？宝云山前路盘纡。孤山孤绝谁肯庐？道人有道山不孤。纸窗竹屋深自暖，拥褐坐睡依团蒲。天寒路远愁仆夫，整驾催归及未晡。出山回望云木合，但见野鹘盘浮图。兹游淡泊欢有余，到家恍如梦蘧蘧。作诗火急追亡逋，清景一失后难摹。”

龙井寿圣院的辨才禅师也是苏轼的挚友。作为高僧大德，辨才很有原则：“殿上闲话，最多不过三炷香；山门送客，最远不过虎溪。”可他同苏轼交谈之后，立刻被此人的魅力折服，自己打破陈规，把苏轼送过小溪，送过老林，又送过了归隐桥，一程又一程，难舍难分。除了精神吸引、心灵交汇，剩下的，恐怕就是说不清的缘吧。

苏轼喜欢杭州的人、杭州的水，也喜欢杭州的寺，最爱还是灵隐寺：“溪山处处皆可庐，最爱灵隐飞来孤。”

苏轼想在杭州做更多的事。可惜通判权力太小，凡事皆听命于知州。他想重修西湖，不料刚开工就被调离，只能带着满腹的遗憾离开杭州。

公元 1089 年，苏轼再度提了不合时宜的建议，新党不喜欢，旧党难见容。他只好再次提出外放，遂第二次来杭州。

这次任杭州知州，权力比上次大些。西湖的风采早已深深地刻在苏轼脑海中；可是，再度重逢，它却似病入膏肓的老妪，没有了昔日的风采。当时，杭州涝灾旱灾不断，钱塘江一片汪洋，街道竟可以行船。苏轼带领百姓抢险救灾，平抑物价。为免大灾后疫情扩散，他带头捐款捐物，创办了杭州第一家专为穷人治病的公立医院——病坊。《清波杂志》载："苏文忠公知杭州，以私帑金五十两助官缗，于城中置病坊一所，名'安乐'，以僧主之。三年医愈千人。"苏东坡精通药理，又亲自配制了一种有多种疗效的丸药"圣散子"，免去了众多百姓的疾病之苦。

经历了大洪水，苏东坡对水利的重要性有了切身感受，他下定决心把杭州的水利建设搞上去。他首先组织疏浚了盐桥运河(今中河)和茅山运河(今东河)，将两条运河挖深了2米，提高了运河蓄水和通航能力。之后又开始解决城市供水问题。他将输送西湖淡水的受损的管道修复一新，加强保护，使杭州城淡水不断。之后，苏东坡又将多年前重修西湖的建议提了上去。第一次到杭时，西湖淤塞已有十分之三。这次来杭，西湖已经淤塞近半。高高的葑草淹没了堤岸，几乎看不到湖面。如果任由西湖荒废，杭州城内的饮用水源和工业都会大受影响。苏轼的《乞开杭州西湖状》得到了朝廷同意。他费尽心力到处筹措资金，征用士兵及平民20万，除葑田、疏湖港、去杂草、清淤泥。修整后的西湖可蓄水灌田，挖出来的泥沙则堆筑成长堤，"苏堤春晓"美不胜收。西湖又恢复了昔日风采。

杭州百姓爱戴苏轼，苏轼也舒展心性，放飞自我，携美人荡舟西湖，与僧人谈禅论道，与诗友品茗做诗。

苏轼在杭州过得很开心，他喜欢与人交友，人们也喜欢他。在这里与在京城的人际关系简直是天壤之别，少了勾心斗角，多了其乐融融。苏轼非常珍惜，他这样来回忆和描写他与杭州同事的友情："忆在钱塘岁，情好均弟昆。时于冰雪中，笑语作春温。"

苏轼在黄州时就喜欢研究吃，在杭州更有条件发挥了。他将五花肉切成大块，用葱姜垫锅底，加上酒、糖、酱油、水，在文火上慢焖。“净洗铛，少著水，柴头罨烟焰不起。待他自熟莫催他，火候足时它自美。”这是在黄州时无数次烧制过的美味，不过那时还是练手阶段。杭州百姓知道这位豁达一哥喜欢吃猪肉后，拼命赠送。苏东坡一向不是独享主义者，他认为疏浚西湖的民工很辛苦，应该和他们共享美味，就叫家人用他发明的烹调方法烧制，连酒一起，按照民工花名册分送到每家每户。家人在烹制时，把“连酒一起送”听成了“连酒一起烧”，结果将错就错烧制出来的猪肉提升了不止一个档次，焦酥软烂，齿颊留香，人们干脆叫它“东坡肉”。从此，百姓可谓爱他爱到骨头里，一吃猪肉就想念东坡。

离开杭州后，苏轼常常想起那些美好的日子和快乐的片段。“平生所乐在吴会，老死欲葬杭与苏。”这个西湖山水的知音，想把自己的灵魂安息在杭州。

在惠州，好事做了一箩筐

杭州三年，苏轼过得很开心，可是身不由己。朝廷的调令就像阴晴不定的天气，说变就变。苏轼先是被召回朝，不久被调往扬州任知州，第二年任颍州知州，第三年任定州知州。

千里之外的朝廷，好大喜功、听信谗言的哲宗任用章惇、吕惠卿之流为相。这些人和苏轼誓不两立，他们以“讥刺先朝”的罪名怂恿皇帝将他再次贬往广州，走到半路，又贬为惠州宁远军节度副使，这就是苏轼惨不忍睹的职场生涯：不断地从一个被贬之地赶往另一个被贬之地，从这个半路折到那个半路。

天真的文人们追求的是“大学之道，在明明德，在亲民，在止于至善”，认为这是生命价值所在，一旦丧失这种追求和责任感，会觉得活着没意思、没意义。但这样去理解政治、理解统治者，未免太天真。

官场是很注重站队的，站错队会影响一生的运势。苏轼不当改革派，也不当保守派，而是自成理性派。这样执拗忠于自己内心的人注定是官场异类，是被贬的最佳人选。

苏轼虽然在朝廷深得皇太后、太后喜爱，虽然官至翰林学士，虽然贵为幼帝的老师，但不和皇帝站在一个战壕，必然仕途前景黯淡。皇帝能赋予你这些身份，也能令你失去这些身份，完了，再像清理旧物一样无情地把你请出去。

苏轼对一切心知肚明。在不断的奔波中，他早已将一切看淡，世间万物，喜也好，悲也罢，他早已是宠辱不惊。贬谪，于他而言，不过是下一个车站、下一个旅途而已。

惠州在岭南境内，远离京师，是一片酷热的蛮荒之地，弥漫的瘴气导致疾病肆虐，有瘴疠之地的恶名。苏轼早就闻听岭南的种种不堪，但全然不在意，内心满怀喜悦地期待着与传说中的大庾岭相遇，渴望与它四目相对，激情碰撞，再创笔尖佳作。一路走啊走，当向往的名山近在眼前时，《过大庾岭》脱口而出：“一念失垢污，身心洞清静。浩然天地间，惟我独也正。今日岭上行，身世永相忘。仙人拊我顶，结发授长生。”

苏轼一路由北向南，行程 1 500 多公里，终于在公元 1094 年 9 月间进入岭南。初到异乡，本该有的那种“日暮乡关何处是，烟波江上使人愁”的情绪却寻不到半点踪迹。当地一位顾姓秀才热情招待了他，苏轼诗兴大发，写下《舟行至清远县见顾秀才极谈惠州风物之美》：“到处聚观香案吏，此邦宜著玉堂仙。江云漠漠桂花湿，海雨翛翛荔子然。闻道黄柑常抵鹊，不容朱橘更论钱。恰从神武来弘景，便向罗浮觅稚川。”

9 月下旬，苏轼携侍妾王朝云、三子苏过又踏上了向惠州进发之路。

10月初，终于到达惠州。至此，苏轼已在路上奔波了半年之久。当他从船舱中走出时，发现码头上站满了黑压压的人群，那些人仰慕他、崇拜他，热切地呼唤着他的名字，激动得乱喊乱叫。苏轼热泪盈眶，以《十月二日初到惠州》记下了当时情景："仿佛曾游岂梦中，欣然鸡犬识新丰。吏民惊怪坐何事，父老相携迎此翁。苏武岂知还漠北，管宁自欲老辽东。岭南万户皆春色，会有幽人客寓公。"

惠州，给了苏轼很多暖意。

惠州人口不多，景色出众。城中有山，四面临水。北边有东江，南湖、丰湖、平湖、菱湖和鳄湖环绕小城，使这座小镇宛若人间天堂。惠州太守詹范久仰苏学士大名，竟把苏轼一家安排到合江楼居住（贬官是没资格入住朝廷官员驿馆的）。合江楼门前，东、西两江从楼下汇合流过。水天一色，茫茫无际。几座青山耸立水中。苏轼被深深地陶醉了：

寓居合江楼

海山葱昽气佳哉，二江合处朱楼开。
蓬莱方丈应不远，肯为苏子浮江来。
江风初凉睡正美，楼上啼鸦呼我起。
我今身世两相违，西流白日东流水。
楼中老人日清新，天上岂有痴仙人。
三山咫尺不归去，一杯付与罗浮春。

虽是十分喜欢，但苏轼不想也不愿意连累好心的詹太守，他和家人只住了几日，便搬到了嘉祐寺。

在惠州，苏轼很闲，做了许多好事：收归无主尸骨；写信指导广州太守，教他引导民众改善城里供水系统。

在惠州，与他日夜相伴的朝云因为不适应当地气候，加之失去幼子伤

心过度，不幸撒手西去。大恸之后，苏轼又回到了正轨。

岭南多水果，尤以荔枝最佳。杜牧曾间接地赞美过它的美味：“一骑红尘妃子笑，无人知是荔枝来。”苏轼在一次吃荔枝时突发灵感：如此水灵甜蜜的水果，他日若是离开此地，再也享受不了这等口福，该是多么失落！能做一个当地人就好了。

食荔枝

罗浮山下四时春，卢橘杨梅次第新。

日啖荔枝三百颗，不辞长作岭南人。

苏轼已经在惠州待了三年了，他已经适应了惠州的水土，适应了惠州的饮食，适应了定期去看长眠的朝云。可不久，他竟再次接到了自己被贬往儋州的通知。苏轼一直遭贬，早就对谁都构不成妨碍，朝廷为什么总和苏轼过不去呢？原来，苏轼虽远离京城，虽闭住了嘴，却未停下手中的笔。千里之外，再次遭贬，笔是罪魁祸首。风景、见闻、心情、观点、感受、生活中的点点滴滴全都在笔尖起舞流转。那时虽然交通落后，通讯欠发达，但诗文作为最流行的精神消遣形式，其传播速度仅次于空气。尤其是一代文豪苏轼的作品，他不动笔便罢，一动笔就会让那些不希望他好的人心中暗喜：终于又有了研究课题。“日啖荔枝三百颗，不辞长作岭南人”已经让某些人不爽了，又听说苏轼当了拓荒者，带领家人开辟了一块荒地，生活小富不说，工作之余荷锄劳作，怡然自乐，小日子过得充满阳光。不是有诗为证吗？

纵笔

白头萧散满霜风，小阁藤床寄病容。

报道先生春睡美，道人轻打五更钟。

这首小诗传到京城后不得了，简直炸了锅。章惇一伙儿一看：好你个苏轼，惠州这个孤魂野鬼出没的地方都没击垮你，吃完三百颗荔枝还爽歪歪地来一个春睡美，好吧，叫你美！他们怂恿皇帝又将苏轼贬到更为荒僻的儋州（今海南儋州）。

一生中到过惠州、儋州这两个“蛮荒之地”走一遭，历史上也真的没其他人了。

若换作别人，听说将到这两个“蛮荒之地”体验生活，大概光听到名字就气急交加，直接吓死了。

海南岛，苦中作乐

在宋朝，对官员最重的处罚是满门抄斩，第二重的就是放逐琼州。琼州就是现在的海南岛，现在是人人向往的旅游胜地，当时可是人人恐惧的死亡之海。那里瘴气从生，人烟稀少，是专门流放犯人的地方。古人提起海南岛无不胆战心惊：“一去一万里，千之千不还。崖州何处在？生度鬼门关。”很多流放海南的人都死在了途中。

公元1097年，60岁的苏轼启程前往海南岛。经过雷州时，昌化军使张中安排苏轼及其儿子苏过“住官房，吃官粮”。后来，湖南提举董必察访广西至雷州时，听说苏东坡住在昌化官舍，遂遣使渡海，将之逐出官舍（苏轼当时以琼州别驾的虚衔远谪儋州），张中也因此受了处分——被免职。章惇一伙为了打击苏轼，将苏辙也贬到了雷州，故意让两兄弟隔海相望不能相见。苏轼想方设法地“赖”在雷州，只为了和弟弟多待一些时间。他和弟弟倾心交谈，生怕嘴巴一停就是分别。只恨时间太快，竟一夜不舍得安眠，第二天不得不启程。临别，苏轼将写给弟子王古的信交给苏辙。

在这封信中，一向乐观的苏轼几近哽咽地交代了后事："某垂老投荒，无复生还之望。昨与长子迈诀，已处置后事矣！今到海南，首当作棺，次便作墓。仍留手疏与诸子，死即葬于海外，生不契棺，死不扶柩，此亦东坡之家风也。"

虽然行程悲壮、心情沉重，但当苏轼真的踏上了海南的土地时，他还是与以往一样，用全部的热情和才情去融入其中。

在海南，尽管苏轼过着"食无肉、病无药、居无室、出无友、冬无炭、夏无寒泉"的苦日子，但他以其亲民作风、乐观性格，走到哪里就把春风带到哪里。苏轼父子与当地百姓相处融洽，经常在一起吃喝笑谈、醉卧一处。黎族同胞在城南污池旁的桄榔林中为苏轼盖了间草房，苏轼称之为"桄榔庵"。农民给父子俩送来芋头；渔民送来蚶蛤（食用贝）；菜农送时鲜蔬菜；还有人送槟榔、木棉…… 尽管有黎胞的细心照顾，苏轼过得还是很艰苦。当地人长于打猎而不擅种水稻，"琼郡产谷尚少"，都以薯芋为主食，"土人顿顿食薯芋"。吃米全靠大陆运输，经常出现"北船不到米如珠"的状况。吃惯大米的苏轼吃不惯薯芋，断米逼着他搞创新。他把山芋掺入饭粒里做成羹，效果相当不错。苏轼给它起了个好听的名字——玉糁羹，说它色、香、味奇绝："香似龙涎仍酽白，味如牛乳更全清。莫将北海金齑鲙，轻比东坡玉糁羹。"（龙涎是一种香料；金齑脍即"金齑玉鲙"，是一道吴地名菜，用松江鲈鲙烧制而成）把这山芋掺饭夸得像是来自皇家餐桌一样。

没有药，苏轼便自己采草药。他颇为阿 Q 式地安慰自己："每念京师无数人丧生于医师之手，予颇自庆幸。"想喝酒就自己酿，哪怕酿出的是苦酒，照样乐此不疲；苦于无墨挥毫，他一次次试验，只为能制出好墨。

苏轼采取了很多好政策，使当地风貌一新。年迈的苏轼又恢复了把他乡当故乡的能力。他说："我本海南民，寄生西蜀州。"他开始对海南岛的文化建设发力。有感于当地文化闭塞，风气不开，遂自编教材办教育，培

养了海南第一个进士符确。当第一个中举人姜唐佐载誉归来，苏轼兴奋地题诗："沧海何曾断地脉，珠崖从此破天荒。"苏轼获赦北归后，他的弟子相继考取功名。有宋一代，因为有了苏轼，海南共出了十二位进士，使"蛮荒之地"绽放出文化的曙光。"琼州人文之盛，实自苏公启之。"正是苏轼，让普通百姓有了学习的机会，有了走出去的能力。他是儋州文化的开拓者、领路人。他兴修水利，架桥凿井，赈灾施药。儋州人记下了他的好，处处都打上他的烙印：东坡村、东坡井、东坡田、东坡路、东坡桥、东坡帽……苏轼《海南万里真吾乡》："九嶷联绵属衡湘，苍梧独在天一方。孤城吹角烟树里，落日未落江苍茫。幽人拊枕坐叹息，我行忽至舜所藏。江边父老能说子，白须红颊如君长。莫嫌琼雷隔云海，圣恩尚许遥相望。平生学道真实意，岂与穷达俱存亡。天其以我为箕子，要使此意留要荒。他年谁作地舆志，海南万里真吾乡。"

把异地变作家乡是一种境界。只有心底不计较，才能时时安然、处处安然。

减字木兰花·已卯儋耳春词

春牛春杖，无限春风来海上。

便丐春工，染得桃红似肉红。

春幡春胜，一阵春风吹酒醒。

不似天涯，卷起杨花似雪花。

苏轼一生在被贬和召回、召回后再贬之间千锤百炼，他已是参透世事的智者。生命仅有一次，为这仅有一次的生命，为什么不活得漂漂亮亮？在官场，苏轼是资深配角，总是被一贬再贬。但在做人方面，他又是资深主角，受尽折磨依然热爱生活！他每到一个地方，都能和当地百姓交融在一起，领着群众抓经济、促生产、找门路、上项目。大家一起轰轰烈烈地创造机会，享受生活。这样的状态，又把他锤炼成了词坛一杰，令他稳稳地坐实了文学家、书法家、“唐宋八大家”之一的名号。

公元1100年，24岁的哲宗去世，宋徽宗赵佶即位。徽宗即位之初即大赦天下，开始笼络两党，苏轼由此被召还朝。这年5月，63岁的老人终于熬到了离开海南岛的日子，心恍如一只待飞的蝴蝶，盛满了喜悦。他在这里生活了三年，与当地人相处得很好。踏上行船的那一刻，他有些依依不舍，眼含热泪，和送行的人握手告别。人生暮年，此去就是永别，今生再也不会踏上这块土地了。苏轼快步上船，不敢回头，不敢相望，怕一回头就会泪飞顿作倾盆雨！

六月二十日夜渡海

参横斗转欲三更，苦雨终风也解晴。

云散月明谁点缀，天容海色本澄清。

空余鲁叟乘桴意，粗识轩辕奏乐声。

九死南荒吾不恨，兹游奇绝冠平生。

他说在海南岛上虽九死一生，但心里并不后悔，因为这次见闻太传奇，是平生不曾有过的。在《别海南黎民表》中，他干脆表示：“我本海南民，寄生西蜀州。忽然跨海去，譬如事远游。平生生死梦，三者无劣优。知君不再见，欲去且少留。”如果说李白是唐朝的浪漫才子、谪仙人，那苏轼就是宋朝的老顽童、大宝贝。苏轼是宋代文人中成就最高的一个，宋代第一词宗，宋词豪放派代表。其留下的3 000篇作品中，带“笑”字的就有344首，是古代所有名家里写“笑”最多的。论豁达，没有人比得过他。

古时的人们精神高洁纯粹，他们追崇真正的文化大儒，崇拜真正的人格领袖。在回京途中，苏轼的偶像地位被无限放大，这位一生坦荡纯真有担当的人受到了人们的热烈拥戴。每过一地，无数文人学者和百姓都聚集

等待，热烈恭候，他们怀着景仰之心仰望这位文化巨人，把他当成心灵知己、精神导师，求他的签名，聆听他的声音。有关苏轼的一切，都令人爱慕。“敬人者，人恒敬之”，这是独属于苏轼的气场，多彩人格为自己赢得了多彩。

尽管已步入风烛残年，再也没有多少充沛的精力来笑对命运；尽管一路颠簸，大起大落，但苏轼的心是满足的、快乐的。到了这个年龄，一切都云淡风轻了。何况他从来也不曾骂过、计较过这个世界对他的无情，即使有过埋怨，那也不过是短暂的出离。

公元1101年，64岁的苏轼病死于北归途中。

永恒的性格魅力

好看的皮囊万万千，有趣的灵魂没几个。苏轼招人喜欢不是因为他是美男子，也不是因为其如雷贯耳的才华，而是因为他的人格魅力。粉丝们为他痴，为他狂，甚至因为他闹离婚。

北宋学者章元弼婚后经常冷落貌美的妻子，原因倒也高尚：好学。他日日捧着苏轼的诗沉吟不止。这本是好事，也许他能从苏轼的诗文里得到灵感，从而提高自己的文学修养，顺利进入官场。可他的妻子受不了丈夫对自己的无视与冷漠，时间久了便说：“既然你爱苏轼胜过我，干脆把我休了吧！”意气用事的章元弼竟真的把妻子给休了！

不知道这件事是真事还是杜撰，反正苏轼是背了锅了。即使是杜撰，应该也是粉丝杜撰出的，可见粉丝的力量。

就连皇帝也对苏轼崇拜得不得了。《宋史·苏轼传》：“神宗尤爱其文，宫中读之，膳进忘良，称为天下奇才。”

秦观秦少游文采一流，但他照样迷苏轼迷得肉麻，他说："生不愿封万户侯，但愿一识苏徐州。"（苏轼当过徐州太守，人称"苏徐州"。）

在粉丝眼里，苏轼简直什么都好：戴的帽子就好像今天的网红款，当年卖"子瞻帽"的人家都奔了小康；书法作品被人们竞相收藏（苏轼曾画扇赠予穷苦的卖扇人，每把一千钱的高价竟让人们抢得打破了头）；东坡肉让开餐馆的发了财……不管什么，只要和苏轼沾点边，全都火得不行。

历史上的大才子有无数，为什么无论男女老少人人都喜欢苏轼呢？东晋名士殷浩说过："我与我周旋久，宁作我。"苏轼一生看似与王安石过不去、与变法过不去，其实他最与自己过不去：与自己的刚直过不去，与自己的坦荡过不去，与自己的真诚过不去。他始终保留着原则底线，仗义执言，有一说一，从不掩藏自己。

历经生活磨难后，他在《题西林壁》里写道："横看成岭侧成峰，远近高低各不同。不识庐山真面目，只缘身在此山中。"在《东栏梨花》里说："梨花淡白柳深青，柳絮飞时花满城。惆怅东栏一株雪，人生看得几清明。"不是不明白、不了解，只因本性太真。二八少年时如此，六十耳顺时依然如此。这就不是一句天真和率直就能解释得了的。那是境界，是高度，是真修为！这就是人们喜欢他的根本原因。

苏轼的思想极其丰富，他融儒、释、道于一体，不似儒生那样简单单纯，也不像隐士那样放浪无度，更不是无欲无求的居士。他爱世间的一切——美酒美食美女美景，却又懂得适可而止、及时抽离。很少有人能像苏轼这样，发现别人不曾发现的，感受到别人不曾感受到的，领悟别人不曾领悟的。他是一位高人，明白这世间的一切黑暗，经历之后仍执着地热爱！他对自己悲剧的根由非常清楚："平生文字为吾累，此去声名不厌低。塞上纵归他日马，城东不斗少年鸡。"又自嘲："人生识字忧患始，姓名粗记可以休。"

我想，人之喜欢他，不外乎他的有趣、豁达和那份无怨无悔。有了豁

达，顺境怡然自乐，逆境照样坦然面对。一个人又乐观又有趣，又有才又幽默，又坦荡又正直，所以才能留给我们绵延不尽的精神财富。

苏轼的有趣是真有趣，无论喜悲、穷富，无论是高高在上还是农田和锄，他从来不曾虚伪过，一贯是“任凭天公雷闪，我心岿然不动”，一副“既来之则安之”的态度。他说：“以不变者而观之，则物与我皆无尽也，而又何羡乎？”不羡慕亦不悲伤。“回首向来萧瑟处，归去，也无风雨也无晴。”他总能主动从生活中找出乐趣来愉悦自己。例如，他曾请黄庭坚吃“半鲁”。黄乐颠颠地来到苏家，一个时辰后，苏轼才揉着睡眼请客人进屋。饿急的黄庭坚直问“半鲁”在哪儿？苏轼装疯卖傻地说：“已经请你吃了啊”。黄不解，苏轼哈哈大笑：“鲁字去掉一半是日，吃半鲁就是请你晒太阳啊！”

又如，苏轼去拜访宰相吕大防，吕老先生正睡午觉。等吕大防一出来，苏轼就指着土盆里的龟说：“你这个一点都不稀奇，六眼龟才难求呢！”吕大防忙问哪里能弄到。苏轼说：“唐中宗时，一位大臣进献了一只有三双眼的六眼龟，普通龟睡一觉，他能睡六觉。”吕大防卡巴卡巴眼，忽然明白，敢情这是苏轼在怨自己睡得太久。

这样的小插曲在苏轼的生活中俯拾皆是。每当陷入黑暗，他就捡拾这些片段照亮自己，再不就是将自己交付诗书画中。除此之外，对付遭遇的办法就是做事。在徐州当太守时，黄河决口，苏轼指挥民众奋战 70 多天抗洪成功。他在登州只做了 5 天太守，却干了两件大事：免除百姓盐税；建立登州水军，巩固登州海防。他在杭州建立了第一家公立医院，被百姓赞为“安乐坊”。他在军事、建筑、语言学、音乐学、禅学等方面都有所涉猎。

他是一个好官，也是一个好人，好官和好人的双重标签与当时的环境严重不匹配，让他在官场上吃尽了苦头。一路逆旅，苏轼抖落尘埃，修炼成了那个思想广阔、能容万物的大儒，明白世间所有的不堪，却又能以达观及时抽离，不被它所伤。正因为心中坦坦荡荡，正因为抱着解脱在于自然的道家哲学，苏轼才能将世间一切苟且化为轻烟，然后从轻烟中奏出独属于自己的高亢乐章，从而在生活这堵沉闷的厚墙面前，本色地穿越一个又一个出口！

天才的追求你未必懂

黄庭坚

“黄菊枝头生晓寒，人生莫放酒杯干。风前横笛斜吹雨，醉里簪花倒著冠。身健在，且加餐。舞裙歌板尽清欢，黄花白发相牵挽，付与时人冷眼看。”（《鹧鸪天·座中有眉山隐客史应之和前韵即席答之》）

这是一首宴席上的即兴之作。读罢全词，一个内心里装着无所谓、不在乎、不介意，狂放不羁看尽世态，旁若无人独自欢舞的酒徒形象跃然而出。能将愁闷情绪宣泄得如此细致到位，黄庭坚心里必定有着不为人知的苦楚。这首词是他与“眉山隐客”史应之之间的酬唱之作。通过刻画“淫坊酒肆狂居士”的形象，抒发了一腔愤懑之情。词作于公元1099年重阳节之后，当时黄庭坚在戎州（今四川宜宾）贬所已待了四年，心情很是压抑。

少年天才，诗惊四邻

黄庭坚和唐朝的王勃的情况有些类似，是个少年天才。

黄庭坚6岁时，舅舅李常到他家做客，看见小外甥拿着本很深奥的书，时而摇头晃脑地吟诵，时而眉头紧锁地思考。舅舅觉得这么个小人儿跟个老学究似的很好笑，就决定考考他。谁想小孩儿对答如流。舅舅又从书架上抽出一本古书接着考，不想小孩儿不但能背出原文，居然还阐述了独到的见解。这让舅舅大喜过望，原来天才就在自己家里啊！

7岁时，大多数男孩儿还在玩泥巴，黄庭坚只用一首小诗就将神童名号一炮打响。

牧童诗

骑牛远远过前村，
短笛横吹隔陇闻，
多少长安名利客，
机关用尽不如君。

哎哟哟，7岁小孩儿就能看透人间，又是“名利客”又是“机关用尽”，太吓人了吧！

8岁时，他再次把世人惊着了。黄庭坚的邻居哥哥进京赶考，他写诗相赠：“万里云程着祖鞭，送君归去玉阶前，若问旧时黄庭坚，谪在人间今八年。”最后这句话太似曾相识了，这不是诗仙李白的口吻吗？这到底是不是诗仙附体啊？送人进京赶考还提醒人家：你可别忘了我，我这个被贬谪的仙人已经下凡人间八年了。这样的天才作家，这样的诗风，哪还用人传播，空气就给你代劳了。汴梁人用鼻子一闻，到处都是诗仙的味道，循味而来，原来是那个叫黄庭坚的小孩儿散发出来的。

对于天才，人们都是极尽宽容与宠爱。果然，黄庭坚的科考之路异常顺利，一路绿灯，畅通无阻，22 岁便高中三甲进士。

好事成双，金榜题名之时，黄庭坚迎娶了龙图阁大学士孙觉的女儿兰溪。在做了几个月的主簿之后，他携妻到汝州叶县（今河南叶县）任县尉。

少年时期是真正远去了，没有工作时向往工作，有了工作又受不了它的烦琐芜杂，人每时每刻都处在矛盾中。虽然只做了几个月的主簿，但黄庭坚对职场多多少少有了点领悟：若非能实现经济自由和时间自由，这世间没有几个人能真正按照自己的心意而活。这次去汝州，不知忙碌的小吏生涯又会给自己带来什么？

冲雪宿新寨忽忽不乐

县北县南河日了，又来新寨解征鞍。

山衔斗柄三星没，雪共月明千里寒。

小吏有时须束带，故人颇问不休官。

江南长尽梢云所，归及春风斩钓竿。

借酒浇愁愁更愁

生活中的好事若是来得太密集，除了使人来不及细细品味，也许还隐藏了什么另类的命运密码。你看：少年显赫、金榜题名、官袍乌纱、洞房花烛。所谓春风得意，所谓扶摇直上，不过如此。黄庭坚沉浸在仕途爱情俱芳菲的日子里，一度不思进取。人的命运有时是很奇怪的，但凡运好，喜事就像商量好了似的成串光顾。如若倒霉，噩运就携着手组团扑过来，你逃到哪里它追到哪里。初时的黄庭坚，一切都是很顺利的，他满怀热情，兢兢业业地经营着事业和家庭。然而，忽然有一天，妻子生了重病，且来势汹汹，不可抵挡。黄庭坚急得满嘴起泡，遍请名医，却是无力回天，不久妻子即撒手而去，年仅 20 岁。这让当时 25 岁的黄庭坚哀伤不已，下笔含泪。

哀逝

玉堂岑寂网蜘蛛，那复晨妆觐阿姑。
绿发朱颜成异物，青天白日闭黄墟。
人间近别难期信，地下相逢果有无。
万化途中能邂逅，可怜风烛不须臾。

红蕉洞独宿

南床高卧读逍遥，真感生来不易销。
枕落梦魂飞蛱蝶，灯残风雨送芭蕉。
永怀玉树埋尘土，何异蒙鸠挂苇苕。
衣筅妆台蛛结网，可怜无以永今朝。

人在陷入不幸时总要找个出口发泄，有人寄情山水，有人沉迷歌舞……黄庭坚与酒对上了眼，相看两不厌，似有千千言。他毫无抵抗力地当了酒徒，放肆狂饮，不醉不休。酒成了他的知己，主宰着他的喜怒哀乐。

酒精麻醉的日子过了两年多，黄庭坚从中抽离出来，于公元 1072 年参加了四京学官的考试。凭着一手好文章，他脱颖而出，被朝廷任命为国子监教授。当时留守京城的重臣文彦博很器重这个年轻人，在他任满之后又留他再任。闲暇时，黄庭坚仍然酗酒，饮酒醉卧、恍惚而眠是常态。日日烂醉如泥之际，诗人谢景初出现了。老前辈爱才，不忍心看着一个有着大好前程的年轻人因一点点挫折就无限颓废，怀着满满的怜爱，把自己的女儿介休嫁给了黄庭坚。

好的婚姻能拯救一个人，这桩婚事让黄庭坚的生活恢复了正常。他开始专心致力于诗歌创作，水平大有提升。婚后两年，女儿黄睦降生，这更是让初为人父的黄庭坚爆发出了生命的大喜悦。在天伦之乐面前，他开始知福惜福、珍惜健康，为任劳任怨、好禅喜诗、志趣相投的妻子，也为天真无邪、快乐无忧的小女儿。他开始收敛酒瘾，大杯换小杯，天天喝改为偶尔喝，小心翼翼地保护着来之不易的安乐生活。可老天似乎不肯放过他，二夫人过门仅仅 4 年，居然也一病不起，26 岁便香消玉殒。

黄庭坚简直要崩溃了，夜夜失眠："呜呼！如兰溪之女美，介休之妇德，皆室家之则也。尝欲以楚辞哭之，而哀不能成文。"他再度与酒神复合，整天神魂颠倒，烂醉如泥，健康飞转急下，精神越来越脆弱。

三婚之后痛戒酒

公元 1081 年，黄庭坚到吉州太和县（今江西泰和县）任知县。黄庭坚是个体恤民情的人，心里颇有想法。当时，各县都以颁布盐策的方式征收赋税，百姓的负担很重。黄庭坚深入穷乡僻壤，踏遍了太和县境的沟沟坎坎、崎岖山路，将农民的疾苦和现状如实向上级作了汇报，之后调整了政策，使百姓的负担轻了。但如此一来，县吏们的私囊也就瘪了，同事们对这个异类颇有微词。只要做了官，复杂的官场之事、敏感微妙的同事关系就摆在你面前，你就要持有一个立场。在某些重大问题的处理上，是与上级一致还是与百姓一致？这个问题谁都要独自面对。既然做了选择，就要勇敢面对，黄庭坚并不惧怕。

公事之余，他常到澄江观景散心。

登快阁

痴儿了却公家事，快阁东西倚晚晴。

落木千山天远大，澄江一道月分明。

朱弦已为佳人绝，青眼聊因美酒横。

万里归船弄长笛，此心吾与白鸥盟。

终于干完了手头一堆工作，趁着傍晚雨后初停，登上快阁放松一下心情。初冬的万木萧条让天地显得更加阔大。朗朗明月下，澄江向远处流去。友人远离，早已没有弄弦吹箫的兴致了，只有见到美酒眼中才流露出一丝喜色。人生羁绊、为官蹭蹬，真不如坐船吹笛漂流家乡，去与那自由的白鸥做伴！

孤独的诗人躺在无边的寂寞里，醉得不省人事。前来寻他的人看不下去了。天才的沦落总是能激起某些人心中的保护欲，可大家都有事忙，谁也不能时时刻刻在身边照顾他，如果有一个女子在，情形怎么都会好一些吧。这些人当起了月老，撺掇着黄庭坚再娶。

一心抗拒的黄庭坚拗不过朋友，终于答应再娶石氏女子。不久，三夫人给黄庭坚生下了儿子黄相。老来得子，人生一喜，黄庭坚的心情慢慢变好，可身体不给力，总是出状况。他深知，都是酒精惹的祸。自己曾无比虔诚地相信：压力过大、精神紧绷、心情低落这些负面情绪表现，靠饮酒全能解决。不管多么排山倒海的悲伤失落，只要喝一口，就能得到满满的满足感和愉悦感，哪怕那感觉短得只在刹那，也足以值得人执着地追逐。

如今日子在慢慢变好，他却越来越害怕酒的勾引。酒醒之后，身体各处被酒精侵蚀的难受感上蹿下跳地将人包裹，这时候的痛苦远远大于饮酒之前的痛苦，这是清醒着的痛，身痛，心也痛。黄庭坚是个有追求的人，怎么能够忍受和放任酒精对自己的绑架和摧残？酒简直就是魔鬼的笑容，诱惑你提前支取自己的快乐，然后付出疾病、家庭失和、一事无成等诸多代价……喝得有多痛快，戒得就有多痛苦。再苦也要戒掉它。酒精把自己害得不成样子，一点风吹草动，身体就生病，一生病什么也干不了。孤独、百爪挠心、口干舌燥、幻觉、莫名的怒火都要轮番忍受，一遍又一遍——戒酒完全是自己和另一个自己的残酷战争。

有一次经过江苏泗州僧伽塔时，本就好佛的黄庭坚仰望佛像，心有触动，遂对佛祖发下大誓愿："从今以后痛戒酒色与肉食，但朝粥午饭，如浮屠法，入一切智。"他郑重其事地取出笔墨，写下《发愿文》，正式把佛教当作自己的心灵归宿。这篇用行书书写的作品，也成为他书法作品中的代表作。

此后岁月，黄庭坚的境遇没什么大的改变。贬谪、被冷落、生活艰难……但不管遇到什么样的打击，他始终以最坚定的意志力，把戒酒这个念头牢牢地印在心底。信心可以战胜一切！朋友们聚会，大家都在兴高采烈地喝酒，黄庭坚独自坐一边，几分落寞，几分格格不入。众人起哄，黄庭坚也坚决不喝，结果被罚写词。思谋片刻，他挥笔而书："老夫既戒酒不饮，遇宴集，独醒其旁。坐客欲得小词，援笔为赋"：

西江月·断送一生惟有

断送一生惟有，破除万事无过。远山横黛蘸秋波，不饮旁人笑我。
花病等闲瘦弱，春愁无处遮拦。杯行到手莫留残，不道月斜人散。

开头"断送一生惟有，破除万事无过"，是借用唐代韩愈的名句"断送一生惟有酒”和“破除万事无过酒”，黄庭坚分别把酒字去掉，强调了自己戒酒的决心。

宋朝官员相聚离不开美酒和美女，这是官方福利。美女除了表演歌舞，还负责给众人劝酒。一心戒酒的黄庭坚成了酒桌上的异类。他用“花病等闲瘦弱，春愁无处遮拦”自嘲：自己体弱多病像枯萎的残花，浓浓的春愁已经无可遮掩，是自己大半生的写照。

靠着顽强的毅力，黄庭坚坚决地把酒瘾给戒掉了。谁料多年后，有人看见他又开始喝酒，难道老生故态复萌了？这其实是一个误会。那时，他身在戎州，瘴疠之气太多，酒能解毒，所以每天早上饮一杯药酒调理身体。这让昔日酒友误以为他又破戒了，所以纷纷请他喝酒。黄庭坚吃够了酒精的若，他怕身体疾患加重，只好再次宣布戒酒，不过这回戒的是药酒。他在《醉落魄》的题注里解释了这件事：“老夫止酒十五年矣，到戎州恐为瘴疠所侵，故晨举一杯，不相察者乃强见酌，遂能作病，因复止酒。”

黄庭坚是认真的，即使再苦闷，他也再没有被酒精击倒过。

在德州的日子

公元 1083 年，黄庭坚来到德州德平镇（今属山东）做地方官。来这儿的原因是他太把百姓当回事了。在吉州太和县当知县时，他因拒绝执行盐税新政得到了百姓拥戴，却也真真切切地受到了官僚排挤。不过，那时的他年轻有为，踌躇满志，对一些小挫折看得很开，心境上是很豁达的。

诉衷情·小桃灼灼柳鬖鬖

小桃灼灼柳鬖鬖，春色满江南。雨晴风暖烟淡，天气正醺酣。

山泼黛，水挼蓝，翠相搀。歌楼酒旆，故故招人，权典青衫。

春光锦绣明媚，歌楼酒旗飘舞。这样的好日子，喝酒最相宜。可兜里没钱，干脆把青衫当了换酒喝！

境遇不太美妙，黄庭坚自己并不在意，可是有人在意：你不随波逐流和我们同流，要当什么清流，那好，对不起，请到别处当清流吧。就这样，他被逐到了山东。

一个不肯违背自己内心的人到哪里都是一样，除非遇到了同类，否则他还是不为人所容。

德州通判赵挺之（李清照的公公）属于新党，是变法派。当时，他正在德州推行市易法（由官府管理市场贸易）。黄庭坚认为，德平镇小民世代靠耕种为生，生活实在清苦，如果再实行市易法，那百姓的生活会雪上加霜，因此坚决不同意这样做。他与赵挺之杠上了，两人公文往来，反复争论，把赵挺之气得要命。得罪一个心胸宽广的人没什么，得罪一个心眼儿小的人是很受伤的。这个赵挺之日后给了黄庭坚一个大大的报复。

人在他乡，众星捧月还好些；工作受挫，形单影只，特别容易失落，想东想西想家想朋友。他想起了黄几复，两人少年交游，情谊很深，可彼此天各一方，想见却不能见，想写封信，可是一个天南、一个地北，托鸿雁传书，它却飞不过衡阳。只能作诗吧，聊表相思。

寄黄几复

我居北海君南海，寄雁传书谢不能。

桃李春风一杯酒，江湖夜雨十年灯。

持家但有四立壁，治国不蕲三折肱。

想得读书头已白，隔溪猿哭瘴烟藤。

想当年春风下欣赏桃李，我们共饮美酒。没想到江湖落魄，一别十年。我常常对着孤灯听着秋雨思念你……

朦胧中，他仿佛又看见一个超然豁达的学者正在与众人侃侃而谈，时而沉思，时而大笑。是啦，他就是苏轼。

文人之间的缘分大都因文而起、因敬而敬。苏轼和黄庭坚之间就是这样。时间倒回到黄庭坚初婚时，苏轼有一次到孙觉（黄庭坚的前岳父）家做客，在书桌上见到一首诗，细读之下很是吃惊。善于察言观色的孙觉情知女婿有戏，趁机请苏轼提携他。苏轼大笑："此人如精金美玉，不去接近别人，别人也会主动接近他，逃名而不可得，何须扬名？"

黄庭坚得知自己被苏轼赏识，当即写下两首诗寄与。

古诗二首上苏子瞻

一

江梅有佳实，托根桃李场。
桃李终不言，朝露借恩光。
孤芳忌皎洁，冰雪空自香。
古来和鼎实，此物升庙廊。
岁月坐成晚，烟雨青已黄。
得升桃李盘，以远初见尝。
终然不可口，掷置官道傍。
但使本根在，弃捐果何伤。

二

青松出涧壑，十里闻风声。
上有百尺丝，下有千岁苓。
自性得久要，为人制颓龄。
小草有远志，相依在平生。

医和不并世，深根且固蒂。

人言可医国，可用太早计。

小大材则殊，气味固相似。

苏轼回信《答黄鲁直》：“我一直诚恐不能与君结交，而君今日不惜辱没才华，如此礼待我，喜愧之怀，几乎难以承受。”以苏轼名动四海、家喻户晓的身家，竟以如此态度对待一个新人，可见黄庭坚的诗才真不是一般的好。两人书信唱和，开始了神交。随着交往加深，黄庭坚对苏轼的才华和人品崇敬不已。

苏轼不肯昧心，坚决不说假话。他对王安石的变法始终持有中立意见，与朝廷观点相左。这使他从得意宠臣变成了不受待见的圈外人。假如他能够一直受宠，飞黄腾达，那黄庭坚自然也会跟着如日中天。可惜，苏轼的政治命运并不像他的才华那样一路上扬，而是起起落落、沉沉浮浮，充满坎坷和波折。党派之争让苏轼不断地被贬，连带着让黄庭坚也跟着受累。

攻击苏轼的人从苏黄二人之间酬来唱往的诗作中发现了黄庭坚的名字后，对黄庭坚施行了连带罪责，罚铜 20 斤。为什么罚铜呢？铜钱铜钱，铜就是钱，钱就是铜。铜是贵金属，对罪犯罚铜是古代沿袭下来的惩戒。

苏轼因“乌台诗案”锒铛入狱后，朋友们大多作猢狲散，生怕受牵连。只有几人一直在坚持奔波营救。其中就有黄庭坚，当时他们虽然还没见过面，只是书信朋友，但并不妨碍苏轼在黄庭坚心里的分量，也不妨碍一个男子的正义营救。虽人微言轻，但他东奔西走，千方百计地寻找营救机会。

想起这些，黄庭坚的心里似乎不那么苦了。人在逆旅，还有朋友可以思念，还有友情可以一点点铺陈开来，甚好！

成为苏轼得意门生

很快，这种惆怅的日子就被一场向往已久的相遇冲淡了。

神宗驾崩，哲宗登基，高太后垂帘听政，她马上重新启用当年那些反对变法而被贬的人物。司马光完成了《资治通鉴》后即被召入京，任尚书左仆射（为宰相之职）兼门下侍郎。而苏轼与黄庭坚也一同被召回京师，苏轼任翰林学士制知诰（掌管起草诏令），黄庭坚任校书郎和《神宗实录》的检讨官（负责修史的官职）。多年倾慕，终得相见，黄庭坚心花怒放，以一块上好石砚作为见面礼，登门拜见了苏轼。彼时，黄庭坚40岁刚出头，苏轼已近知天命之年。苏轼正式将这名老学生收入“苏门四学士”中。老先生为有这样的弟子而欣喜不已：“我今独何幸，文字厌奇玩。又得天下才，相从百忧散。”他们一起观书论画，讲道谈艺，诗文唱和，很是融洽。

苏轼豪迈的文风对黄庭坚产生了不小的影响。黄庭坚写的这首《念奴娇·断虹霁雨》文采斐然，流传千古：

八月十七日，同诸生步自永安城楼，过张宽夫园待月。偶有名酒，因以金荷酌众客。客有孙彦立，善吹笛。援笔作乐府长短句，文不加点。

断虹霁雨，净秋空，山染修眉新绿。桂影扶疏，谁便道，今夕清辉不足？万里青天，姮娥何处，驾此一轮玉。寒光零乱，为谁偏照醽醁？

年少从我追游，晚凉幽径，绕张园森木。共倒金荷，家万里，难得尊前相属。老子平生，江南江北，最爱临风笛。孙郎微笑，坐来声喷霜竹。

近朱者赤，这首词很有苏轼的风格，一派旷达伟岸的气魄。

苏轼与李公麟合作完成了一幅画。画面是常见的乡村一景：郊外挺立着一块怪石，怪石边长着一丛挺拔碧绿的竹子。小小的牧童手持三尺鞭，骑在一头老牛背上，怡然自乐。黄庭坚的题诗为画作更添精彩：

题竹石牧牛

子瞻画丛竹怪石，伯时增前坡牧儿骑牛，甚有意态，戏咏：

野次小峥嵘，幽篁相倚绿。阿童三尺箠，御此老觳觫。石吾甚爱之，勿遣牛砺角。牛砺角犹可，牛斗残我竹。

该题诗的意思是：我太爱这怪石了，小牧童你别让牛在它上面磨角；磨角我还能忍受，可千万别让两牛争斗而弄坏了旁边那丛绿竹。有人认为这首诗寄托了作者的官场态度，意在告诫当权者不要搞宗派斗争。

作为保守派，司马光自始至终都反对变法，从来都没变过。执政不久，在高太后的支持下，他全面罢黜新党，尽废新法，史称“元祐更化”。而苏轼既不是改革派，也不属保守派。司马光的决绝令苏轼对新法又有了进一步的认识。苏轼上书，认为新法有一定的可取之处，如果全面废除会造成更坏的影响。他的这个举动让保守派们很受伤：不左不右，什么意思？于是，保守派们群起而攻之。苏轼受不了同事间彼此伤害猜疑、栽赃陷害，主动要求外放杭州。

秉笔写史遭流放

苏轼走了，剩下黄庭坚日子难熬。哲宗亲政时，开始宠信改革派。改革派的骨干章惇、蔡卞等人一向忌惮苏轼，对苏轼的弟子自然也不客气。他们从黄庭坚修订的《神宗实录》中搜罗出上千条所谓的错误攻击黄庭坚，以“诬毁先帝”“修实录不实”加罪。黄庭坚耿直无私，淡泊独立，不违心，也不随波逐流，坚持实话实说，绝不肯在史料上造假，坚持的结果是又被流放。

其实，那个故事一点也不复杂，还是公元1073年的事。为了治理黄河，朝廷设立了“疏浚黄河司”。官员李公义提出了疏浚河道的办法：“用铁数斤为爪形，以绳系舟尾而沉至于水，篙工急擢，乘流相继而下，一再过，水已深数尺。”名为“铁龙爪扬泥车法”。王安石对此法很推崇，对神宗说若开河的工作搞好了，一年可以省下疏浚费千万两银子；并让李公义和宦官黄怀信加以改进，做成浚川耙。其实，这都是花式治水。河水暴涨时，耙子根本够不着底，再拖也没有用；河水浅时，泥沙绊住耙齿，怎么拖都拖不动。神宗并不知具体情况，他大手笔地砸下许多银子，大规模使用“铁龙爪”来治理河水。当时反对的声音很多，可朝廷根本听不进去，积极踊跃地兴师动众，劳民伤财，做无用功。

黄庭坚不是《神宗实录》的检讨官吗，他的耿直从未变过，直陈史实：“用铁龙爪治河，有同儿戏。”这也胆子太大了，居然说“铁龙爪”治水是儿戏。龙指皇帝，龙爪自然是皇帝的爪，这不是在暗骂皇帝愚蠢吗？无论那些人怎么威逼利诱，黄庭坚就是不承认有污蔑先帝之辞，与他一起参与修史的人都屈服了，只有黄庭坚一硬到底。代价是被贬为涪州别驾、黔州安置（二者皆为官名）。诏命一下，家人都掉眼泪，黄庭坚却转身上床酣睡。醒了，众人怨他傻，说："黔州乃蛮荒之地，凡贬当地者不病即亡，你不想办法却还傻睡？"黄庭坚回答："四海之内皆兄弟，浮生若梦，来去无踪。凡有日月星辰明耀之地，无处不可寄此一生，又有何忧？"黄庭坚的堂弟时任涪陵尉，这算是他举家迁到涪陵的一丝安慰。可整他的人没那么好心，没多久，他们又借口官场避亲嫌，把黄庭坚又贬到了戎州（今四川宜宾）。

起起落落，数度飘零，遥远的家乡愈发显得可亲。

望江东·江水西头隔烟树

江水西头隔烟树，望不见、江东路。

思量只有梦来去，更不怕、江阑住。

灯前写了书无数，算没个、人传与。

直饶寻得雁分付，又还是、秋将暮。

嘴上说"无处不可寄此一生"，可哪个地方能有故乡亲呢？东望思归的那种心情是大话、漂亮话抵挡不住的。

在戎州，黄庭坚给破败的居所起了个洒脱的名字——任运堂。人生之路恰似浪奔浪涌，一切随缘任运吧。戎州生活还算安定，很多人拿着作品慕名而来向他求教。好的就是好的，不好的就是不好的，哪怕对方给很多好处也坚决不肯说违心话。黄庭坚仍是从前那个坦荡真诚、不重功名利禄、只重内心世界的人。

公元1100年，哲宗去世，徽宗继位，天下大赦。黄庭坚得以被放还。出四川时，他途经湖南岳阳，冒雨登上岳阳楼，饱览湖光山色，作诗表达了他喜悦的心情。

雨中登岳阳楼望君山二首其一

投荒万死鬓毛斑，生入瞿塘滟滪关。

未到江南先一笑，岳阳楼上对君山。

投送边荒，经历万死。如今两鬓斑斑，还能活着走出瞿塘峡滟滪关。虽还未到江南，先自一笑吧。站在岳阳楼上遥对君山，心情好不放松。

雨中登岳阳楼望君山二首其二

满川风雨独凭栏，绾结湘娥十二鬟。

可惜不当湖水面，银山堆里看青山。

满江风雨，凭栏远眺：群山起伏错落，有如湘娥二夫人不同造型的美发髻。可惜我不能亲至湖中正对湖水，只能在银山堆里看君山风情万种。

至情至性的真才子

整日沉浸于诗书画的宋徽宗，脑海里对才子们还是有点印象的。他想起了黄庭坚这个大才子，遂给他安排了官职，不料黄庭坚却拒绝了。经历了那么多波折，黄庭坚对官场已经看开了，对什么高升加职已经不感兴趣。他上书请求只让自己做个小小的郡官就可以了。朝廷倒也爽快，任命他为太平州知州。黄庭坚轻松去上任，没想到，仅仅干了九天就被贬。

这次被贬就是因为之前在德州时得罪了赵挺之。

黄庭坚一直笃信佛教，从前曾应僧人之请，为荆南承天寺院作了一篇《荆南承天院记》，文章最后一段是这样写的："儒者尝论：一佛寺之费，盖中民万家之产，实生民谷帛之蠹，虽余亦谓之然。然自省事以来，观天下财力屈竭之端：国家无大军旅勤民丁赋之政，则蝗旱水溢或疾疫连数十州。此盖生人之共业，盈虚有数，非人力所能胜者邪！"意思是说，建一座佛寺所需的费用相当于一万户平民的家产，出家人都成了老百姓的衣食蛀虫了。虽然我也这样认为，可自从我懂事起，就观察天下穷困的原因，我发现：当国家没有战争，不向老百姓征收兵役和税赋时，就会出现蝗灾、旱灾、水灾或传染病，危害数十州。这种现象其实就是灾难发生地的人们共同造了恶业后出现的恶报，业满遭报，不满不报，这是有定数的，这个规律不是人力所能战胜的。其实，黄庭坚这篇文章完全是用佛教的观点来解释天灾。但若从从政者的角度来看，这篇文章就是没事找事，攻击朝廷。

这篇文章不巧被转运判官陈举看到了，他是这样理解的：看来老天就应该降下灾难，不出现自然灾害反而是不正常的，那政府救灾岂不纯属多余？他认为，黄庭坚这纯粹是在幸灾乐祸，于是上报给右丞相赵挺之。赵挺之如果宽容一点，就可以把作品压下来，因为那些话充其量也就是一个文人的一己之见，没什么大不了。他却偏偏将这首作品直接呈给了皇帝。徽宗除了对书画有精准的鉴赏力外，对政事基本没什么判断力，处理方式是最简单的不分青红皂白。他宣布免去黄庭坚一切职务并开除吏籍，监押在宜州，三年后转押永州。

厄运连连，黄庭坚依然热爱生活，热爱着自然，热爱着转瞬即逝的春天。

清平乐·春归何处

春归何处？寂寞无行路。若有人知春去处，唤取归来同住。

春无踪迹谁知？除非问取黄鹂。百啭无人能解，因风飞过蔷薇。

不知春归何处，一心向别人请教，无人知，又向鸟儿请教。可鸟儿连“话”都不“说”，一转身飞走了。这首小词妙趣横生，构思巧妙，惜春之情跃然纸上。

公元1105年，61岁的岁黄庭坚淋了雨，之后病逝于贬所。

北宋文坛上的少年天才、著名文学家、江西诗派开山之祖、宋代书法四大家之一、《二十四孝》中的大孝子，就这样凄惶地离去了。他坎坷不平的官运、多灾多难的家庭，是性格使然还是环境作梗？黄庭坚文采了得，政治才能却很一般。他这一生不热衷功名利禄，只牵挂读书、写诗、做学问。心思用在哪方面，哪方面就会出色，其他方面则可能相对欠缺。如此，他仕途坎坷是不是也就有解了？

做不成英雄就做词帝

辛弃疾

辛弃疾出生于山东，是坚定的抗金派。因与当政者政见不合，备受排挤。壮志难酬之余，他把对国家和民族复兴的希望全部寄托于词作之中。他是气势豪迈、具有真才实干的真英雄，又是心思细腻、儿女情长的书生。由于当时的社会大环境、独特的个人经历、丰厚的知识学养，加之蔑视一切陈规的做派，辛弃疾的词达到了一种气象万千的大境界：激情澎湃中不失理性约束，正气凛然中又自有柔情万种。清代文学评论家陈世焜评辛词：『词至稼轩，纵横博大，痛快淋漓，风雨纷飞，鱼龙百变，真词坛飞将军也。』

一代词帝辛弃疾，传世佳作的背后其实都是壮志不得酬的心灵呐喊！

拳拳爱国之心，无人回应

辛弃疾出生时，山东已被金国占领。他由爷爷辛赞抚养长大。爷爷虽被迫在金国当差，却胸怀大志，一心盼望宋朝北伐。因家族氛围的熏陶，加之少年辛弃疾亲眼目睹了金国对汉人的残酷统治与迫害，他立下了惊心动魄的大志向——重拾旧山河。

山东好汉的侠义之风与英雄气在青年辛弃疾身上表现强烈。他性格豪迈倔强，勇猛果断，善于主动出击。公元 1161 年，金主完颜亮率 60 万大军大举入侵南宋。21 岁的辛弃疾马上抓住机会，毫不犹豫地拉起一支 2 000 多人的队伍，投奔了耿京率领的义军，成为 25 万农民军的领导者之一。他斩杀逃兵，亲手结果叛将，在战场上生死无惧，奋勇杀敌，并策动降军万人归顺南宋朝廷。种种骄人的成绩，使他很快在军中树起了威望。这段驰骋疆场的战斗生活虽然短暂，对他日后的思想和创作却有着非凡的意义。

辛弃疾长得“肤硕体胖，目光有棱，红颊青眼，壮健如虎”，但粗中有细，能文能武。靠战功当上一个小官后，他马上给皇帝上奏，呼吁皇帝厉兵秣马，重拾旧山河。高宗接到辛弃疾的奏折，露出一丝苦笑，只当是年轻人一时头脑发热。25 岁的辛弃疾正值壮怀激烈、精力充沛、不服输的年龄，皇帝不回复，他就一遍遍写，一遍遍上呈，不信皇帝是顽石锈铁，认为只要皇帝能够采纳自己的意见，写一百遍也在所不惜。可皇帝真的是顽石锈铁，所有的热情换来的却是沉默。只是他越写越多，慢慢就有了丰厚积累，于是整理成集子《美芹十论》和《九议》。这些激情澎湃的建议不受朝廷待见，可是流传到民间，却引起了强烈反响。朝廷从群众的狂热反应中看明白了：这辛弃疾绝非池中之物，不能将其闲置。于是安排辛弃疾专门治理乱政、肃清治安，不断地把他从一个鬼地方派到另一个鬼地方。

公元 1168 年，辛弃疾在建康任通判。这期间，他曾登上赏心亭远眺，但见峰峦交错、山川连绵，想起自己一腔壮志却不受重视，真是痛心疾首。

水龙吟·登建康赏心亭

楚天千里清秋，水随天去秋无际。遥岑远目，献愁供恨，玉簪螺髻。落日楼头，断鸿声里，江南游子。把吴钩看了，栏杆拍遍，无人会，登临意。

休说鲈鱼堪脍，尽西风，季鹰归未？求田问舍，怕应羞见，刘郎才气。可惜流年，忧愁风雨，树犹如此。倩何人唤取，红巾翠袖，揾英雄泪！

公元 1175 年，湖北茶商赖文政领导茶商起义，屡败官军。35 岁的辛弃疾临危受命，由仓部郎官升为江南西路提点刑狱公事，“节制诸君，讨捕茶寇”。他步步为营，围追堵截，将赖军逼入困境。最后，赖文政只好接受招安，辛弃疾随即将赖文政押解到江州处死。这次起义动静不算太大，丝毫没有引起南宋统治者的警觉。当时，南宋国势日衰，国内动荡，边境也时时涌动着不安。南宋统治者们得过且过，有叛乱就打击一下，平息了转身就忘掉，没有一点忧患意识。权贵们偏安一隅，沉醉于表面的歌舞升平中。林升将这一切全记在了《题临安邸》中：“山外青山楼外楼，西湖歌舞几时休？暖风熏得游人醉，直把杭州作汴州。”他们迷恋歌舞升平，在花天酒地中麻醉，拼命营造着一派虚假繁荣。

辛弃疾对一切洞察于心，欲补天穹，却无路请缨。他站在热闹喧腾的大街，面对着人们的盲目乐观，将所有的激情、感触都写进了这首《青玉案·元夕》中：

东风夜放花千树，更吹落，星如雨。宝马雕车香满路。凤箫声动，玉壶光转，一夜鱼龙舞。

蛾儿雪柳黄金缕，笑语盈盈暗香去。众里寻他千百度，蓦然回首，那人却在，灯火阑珊处。

表面读来，这似乎是描述了一桩美好的爱情故事：一对意中人在大街巧遇，由喧闹场面引出具体的人，把个人的欢乐融进了节日的欢乐。实则还蕴含着另一种情绪：辛弃疾满腹的文韬武略无处施展，只能站在红尘外孤芳自赏，是通过繁华反衬寂寥，即站在灯火阑珊处的那个人就是辛弃疾自己。

辛弃疾是非常有能力的实干家。他虽一直在朝廷的频繁调动中东奔西走，宦迹无常，但政绩卓著。

公元1176年，辛弃疾改任京西路转运判官，经常巡回往复于湖南、江西等地。途经造口，登上郁孤台，他思绪翻涌。

菩萨蛮·书江西造口壁

郁孤台下清江水，中间多少行人泪。西北望长安，可怜无数山。

青山遮不住，毕竟东流去。江晚正愁余，山深闻鹧鸪。

昼夜流逝的江水啊，中间隐藏着多少行人的眼泪。举头眺望西北长安，只看到眼前的无数山川。青山再多，怎能挡住滚滚江水向东流。夕阳下，我的满心愁绪，与远处的鹧鸪鸣叫，融为一处……

在狭隘者眼里，能干也是一种错

公元 1179 年，广西李接、郴州陈峒起义，皆被宋军镇压。外有异族虎视眈眈，内有义军不断起事。这时，辛弃疾已近 40 岁。可朝廷就是不让他担当大任，连续四年改官六次。这次又由湖北转运副使调官湖南，担任主管钱粮的小官。行前，同僚王正之在山亭摆下酒席送别，辛弃疾提笔记下了这桩事。“淳熙己亥，自湖北漕移湖南，同官王正之置酒小山亭，为赋。”

摸鱼儿 · 更能消几番风雨

更能消，几番风雨，匆匆春又归去。惜春长怕花开早，何况落红无数。春且住，见说道，天涯芳草无归路。怨春不语。算只有殷勤，画檐蛛网，尽日惹飞絮。

长门事，准拟佳期又误，蛾眉曾有人妒。千金纵买相如赋，脉脉此情谁诉？君莫舞，君不见，玉环飞燕皆尘土！闲愁最苦！休去倚危栏，斜阳正在，烟柳断肠处。

虽带着一腔郁闷上路，辛弃疾在湖南却迎来了事业高峰，但没想到的是，危机也在此埋下。

湖南南部的苗侗两族一向凶悍残忍，欺压乡民，阻挠政令，动辄武装暴动。辛弃疾给宋孝宗上了一封《论盗贼劄子》的奏折，分析了当地种种弊端，建议成立部队，既可剿匪，又可护城。得到准许后，他抛开政务，亲自主抓队伍筹建工作。他向民间大量筹集瓦片、垒石、银两等物资，在这期间克服重重困难，顶住了各方压力，盖起了军队营房。之后，四方招募人才，亲自考核，组建了一支含2 000步兵、500骑兵的“飞虎军”，加请广西安抚使司每年代买30匹战马。“军成，雄镇一方，为江上诸军之冠。”辛弃疾亲自监督操练这支队伍。“飞虎军”招的都是些英武强健的年轻人，生龙活虎，士气旺盛，大有“壮岁旌旗拥万夫”的气概。有了这支军队，地痞流寇再也不敢生事，长江沿岸的国防力量也得到巩固，金人在边境也不敢搞小动作了。闻风丧胆的金人称辛军为“虎儿军”。

辛弃疾又采取了一系列发展生产的得力措施，用官米赈济百姓、兴修水利、在侗民集中的地区兴办学校……干得有声有色，这让朝廷胆战心惊：这个人太有能力了！尤其那句“重拾旧山河”简直让求和派们寝食难安：如果他号令一方，肯定是四方来投，真的恢复了旧山河，哪还有我们的好日子？于是，他们随便找了个理由将辛弃疾调离了湖南，让其到江西担任隆兴知府兼江南西路安抚使。

当时，江西正遭受严重旱灾，一些奸商串通囤粮，好趁机发国难财。辛弃疾虽对湖南有万分不舍，但来到江西立马转换角色，雷厉风行地投入到工作中。他立即让人在大街张贴告示：闭粜者配，强籴者斩。意思是：有粮不卖的人发配充军，强买粮食的人问斩。又拿出公款，令人到丰收地区买米，运回来后平价卖出，使百姓顺利度过饥荒。辛弃疾果断坚定、敢作敢为、刚正不阿的作风赢得了百姓的拥护，也招来了官僚的忌恨与反对。公元1181年冬天，41岁的辛弃疾又被调任浙西路提点刑狱公事，还没等展开工作就遭到谏官王蔺弹劾，说他“用钱如泥沙，杀人如草芥”，暗指他在湖南组建“飞虎军”时筹款及处罚犯人的事。宋孝宗痛批辛弃疾“凭陵上司，缔结同类，愤形中外之士，怨积江湖之民”，骂够了，撤去其一切职务。

隐居期间佳作迭出

辛弃疾打道回府，隐居信州（今江西上饶）带湖。

也许是对江西情有独钟，也许是他意识到自己“刚拙自信，年来不为众人所容”，不如在此盖个庄园，把家人都接来，也有个长期的落脚点，辛弃疾根据带湖四周的地形特点，设计了“高处建舍，低处辟田”的庄园格局，取名“稼轩”，并自号“稼轩居士”。这座庄园布局精巧，规模宏大，内有集山楼、婆娑堂、植杖亭、信步亭、涤砚渚等，还有带湖、南溪、篆冈、蔗庵、雪楼，整体面积有170亩。

“稼轩”落成后，辛弃疾每天呼吸着清新空气，和自由的鸟儿相伴来去，心绪飞扬。

西江月·夜行黄沙道中

明月别枝惊鹊，清风半夜鸣蝉。稻花香里说丰年，听取蛙声一片。

七八个星天外，两三点雨山前。旧时茅店社林边，路转溪桥忽见。

美好的田园抚慰着忧伤失落，让诗意流淌。

清平乐·村居

茅檐低小，溪上青青草。醉里吴音相媚好，白发谁家翁媪？

大儿锄豆溪东，中儿正织鸡笼。最喜小儿亡赖，溪头卧剥莲蓬。

乡村生活给辛弃疾带来了很多新鲜的体验和感受。

在这种平静的生活中，他将自己由青涩到成熟、由热情到平静的心绪细细地梳理了一遍，《丑奴儿·书博山道中壁》最能道出其中微妙：

少年不识愁滋味，爱上层楼。爱上层楼，为赋新词强说愁。

而今识尽愁滋味，欲说还休。欲说还休，却道天凉好个秋。

他将涉世未深的少年故作深沉、无愁找愁、无处倾诉的状态勾勒得很生动。如今受压抑、遭排挤，报国无门，识尽了愁滋味，却无法言说，只能淡淡地来一句"天凉好个秋"。辛弃疾在带湖居住期间，虽常到各处游历，饱览山川秀色，但时间长了难免流露伤感。眼看国是日非，自己一身本领却无能为力，那种欲罢不能的苦闷说与谁听？他爬上博山，在一块平坦的石头上题了这首词。

辛弃疾其实非常喜欢田园生活，只是一腔才干无处施展，壮阔情怀无处挥洒，英雄无用武之地的那种尴尬和压抑，让他不能真正地享受诗酒田园。他的梦未实现，他不甘心"采菊东篱下"，从此不问人间事。他的理想是像岳飞那样"驾长车，踏破贺兰山缺。壮志饥餐胡虏肉，笑谈渴饮匈奴血。待从头收拾旧山河，朝天阙"。家国山河被铁蹄践踏，可他却不能去阻止、去保家卫国，因为朝廷并不想把战场交给他。为了排解苦闷，他努力把自己包裹在田园山水中，但写着写着就从田园山水拐到了家国春秋。月明星稀的晚上，那个"重拾旧山河"的梦一遍遍跳出来，勾引着他的魂。

清平乐·独宿博山王氏庵

绕床饥鼠，蝙蝠翻灯舞。屋上松风吹急雨，破纸窗间自语。

平生塞北江南，归来华发苍颜。布被秋宵梦觉，眼前万里江山。

一辈子行走塞北江南，归来时头发花白、容颜苍老。秋夜梦醒之后，眼前浮现的依然是祖国的万里江山。

辛弃疾具有相当杰出的军事才华，可惜一身才华无处施展。世间最悲剧莫过于“英雄无用武之地”。迷人的田园挡不住急流勇进的冲动。久梦不得，文字里的辛弃疾渐渐变成了愤青。

在启用与闲居间来回穿梭

公元 1187 年，左丞相王淮向宋孝宗建议：辛弃疾这样有才干的人不应该被闲置。于是，宋孝宗给辛弃疾安了一个“宫观主管”的名号，让他去管理武夷山冲佑观一处政府产业。这是个虚职，相当于“储备干部”。

公元 1188 年，辛弃疾与好朋友陈亮在信州铅山瓢泉相见。陈亮为人豪爽，自称能够“推倒一世之智勇，开拓万古之心胸”，是积极的抗金派，自然也是不受皇室喜欢的人。两个同道中人，对酒和诗，惺惺相惜，相处了 10 日。辛弃感慨万千。

破阵子·为陈同甫赋壮词以寄之

醉里挑灯看剑，梦回吹角连营。八百里分麾下炙，五十弦翻塞外声。沙场秋点兵。

马作的卢飞快，弓如霹雳弦惊。了却君王天下事，赢得生前身后名。可怜白发生！

词中回顾了当年在山东和耿京领导义军的情形与义军雄壮的军容和英勇战斗的场面，充斥着战场号角悲鸣、士兵英勇杀敌的壮举。词人豪情万丈：我要博得生前和死后的英名！却突然话锋一转："可怜白发生！"可惜功名未就，头发就白了。深深的遗憾，让人心头一悲。

一直到公元1191年冬天，闲居10年的辛弃疾才终于接到朝廷任命。这时，宋孝宗已经当了太上皇，即位的太子赵敦即宋光宗任命辛弃疾为福建提点刑狱公事。

《宋史》记载，辛弃疾在福建的施政方针是"务为镇静"，意思就是安定压倒一切。他的政绩十分突出。当时，福建频受海盗骚扰。为缓解大量军队、皇室族人的人多地少的经济矛盾，辛弃疾筹建了一个专项资金库，用于维护地方安定。在不到一年时间里就筹到了50万贯钱，还没来得及实施打造一万副铠甲、招募士兵加强军队建设的计划，弹劾又来了。

公元1194年，辛弃疾再次遭到谏官黄艾的弹劾，罪名跟以前没什么出入——"残酷贪饕，奸赃狼藉"。紧接着，他又遭到同为御史中丞的谢深甫、何澹的先后弹劾，一切职位都被罢免。辛弃疾再次回到上饶带湖瓢泉，不久开始动工修建瓢泉庄园，决意"便此地、结吾庐，待学渊明，更手种，门前五柳"。公元1195年春，瓢泉园林式庄园建成之际，他已经连续四次遭到弹劾，没有收入，没有官职。不管愿不愿意，他只能过游山逛水、饮酒赋诗、闲云野鹤的村居生活。没办法，"君恩重，且教种芙蓉！"这期间，他写下了大量描写瓢泉四时风光、世情民俗和园林风物的遣兴抒怀诗词。

贺新郎·甚矣吾衰矣

邑中园亭，仆皆为赋此词。一日，独坐停云，水声山色，竞来相娱。意溪山欲援例者，遂作数语，庶几仿佛渊明思亲友之意云。

甚矣吾衰矣。怅平生，交游零落，只今余几。白发空垂三千丈，一笑人间万事。问何物，能令公喜？我见青山多妩媚，料青山见我应如是。情与貌，略相似。

一尊搔首东窗里。想渊明，停云诗就，此时风味。江左沈酣求名者，岂识浊醪妙理。回首叫，云飞风起。不恨古人吾不见，恨古人不见吾狂耳。知我者，二三子。

这是辛弃疾为瓢泉新居的“停云堂”题写的词。落职后的寂寞心境和对时局的深刻怨恨，词人毫不隐讳地表达了出来。

这样的闲居生活一过又是8年，加上之前的闲居，整整18年无事可做。这对于一个一心报国、一身武艺、渴望征战沙场的人来讲不啻为一种残酷的折磨。

辛弃疾是有能力、有干劲、属于战场的铁血英雄，号令一方便能震退劲敌。可朝廷把疑心病发挥到了极致，怕他成为尾大不掉的勇武悍将，怕他功高盖主，对他始终弃之不用。这导致词人一生除了频繁调动就是被搁置闲居，受尽冷落。

有一种遗憾，无法阻止

南归一晃过去40年了，辛弃疾已不再是血气方刚的小伙子。在风烛残年之际，一直念念不忘的初心终于有了回应：公元1203年，金国铁骑一路南侵，主张北伐的韩侂胄起用主战派人士，辛弃疾被授予绍兴知府兼浙东安抚使、镇江知府等职。他兴奋地登上镇江北固亭，触景生情。

南乡子·登京口北固亭有怀

何处望神州？满眼风光北固楼。千古兴亡多少事？悠悠。不尽长江滚滚流。

年少万兜鍪，坐断东南战未休。天下英雄谁敌手？曹刘。生子当如孙仲谋。

胸襟宽阔的辛弃疾一点也不计较皇帝招之即来、挥之即去的态度。他生就大将之风，雷厉风行，武将之本和儒将风采在他身上结合得很完美。他一赶到镇江就屯粮、屯兵、赶制军服……还派卧底去金国收集情报。激情澎湃、老当益壮的辛弃疾，终其一生，心心念念的就是北伐抗金，一生被贬也都因为这个不改初心。如今有了机会，如何能不全心投入？南宋朝廷总是在最关键的时候做最令人寒心的事。在完胜的战局面前，以十二道金牌将岳飞紧急从战场召回，将金军放虎归山，一心为国的岳飞却被冤杀于风波亭。大将狄青的情况也很惨：由于文官排挤，狄青遭受不公正待遇，抑郁而死…… 如今辛弃疾眼见着就要实现重拾旧山河的梦想，晴天霹雳再次袭来！主和派看到辛弃疾忙得不亦乐乎，羡慕忌妒恨、窝里斗的习性再次复燃，千方百计、搜肠刮肚地给辛弃疾扣帽子。可怜此次任期还不满 15 个月，辛弃疾又以“贪财好色”之名被弹劾。这时，他已年迈，再也承受不住，积郁成疾。

公元 1205 年，辛弃疾 65 岁了。这时，韩侂胄全面主持筹划北伐，辛弃疾受命担任镇江知府，戍守江防要地京口。辛弃疾从来都是主战派，从来没变过，当然支持北伐抗金决策。出于经验，他对独揽朝政的韩侂胄轻敌冒进的做法感到忧心忡忡，担心重蹈覆辙，使北伐再遭失败。辛弃疾提出了很多合理意见，可是没人重视。每当郁闷之时，辛弃疾都要登高远眺，只有如此，心里的愁苦才会减少一点。他的许多词都是登高之作。当他再次来到京口北固亭，怀古忆昔，心潮澎湃。

永遇乐·京口北固亭怀古

千古江山，英雄无觅孙仲谋处。舞榭歌台，风流总被雨打风吹去。斜阳草树，寻常巷陌，人道寄奴曾住。想当年，金戈铁马，气吞万里如虎。

元嘉草草，封狼居胥，赢得仓皇北顾。四十三年，望中犹记，烽火扬州路。可堪回首，佛狸祠下，一片神鸦社鼓。凭谁问，廉颇老矣，尚能饭否？

辛弃疾的担忧不是没有道理。由于韩侂胄准备不充分，贸然北伐，宋军各路进攻均以失败而告终。后来，主和派相互勾结，杀死了韩侂胄，宋金开始议和。

公元1207年秋，朝廷无人可用，又将辛弃疾提拔为枢密都承旨（掌管枢密院内部事），令他速到临安赴任。此时的辛弃疾纵有万丈豪情、千般武艺也无能为力了。他已经重病多时，连吃饭都很困难。同年9月，67岁的辛弃疾高呼“杀贼”悲愤离世。

缺点成为被攻击的靶子

辛弃疾一生六次被弹劾，每次弹劾的理由都离不开“嗜杀”“贪财”“好色”。这不排除保守派的陷害。你这么热血阳刚、胸怀大志，和我们萎靡阴柔、追求享受的态度泾渭分明，怎么可能是一条船上的？辛弃疾是政治家、军事家，是能人、强者，是词人、豪杰，但不是圣人。他身上也有不少缺点，这些缺点成了众人攻击的靶子。

先说贪财。虽然宋朝工资很高，但辛弃疾做官不过20年，按照《宋史·职官志·俸禄制》粗略计算，即使不吃不喝攒20年工资也盖不了一个大园子。况且辛弃疾闲居18年没有收入，哪来的资金支持奢华生活？

据邓广铭先生《辛稼轩年谱》：辛弃疾除原配夫人外，还有 6 位侍妾，儿子 9 人，女儿 2 人以上，外加数位奴仆。但辛弃疾从不为钱犯愁，不但盖起了大别墅，而且平时出手阔绰。

辛弃疾一向对百姓仁慈、对官员苛刻，处理俘虏或罪犯的方式相当残酷。他在处理茶商赖文政一案时，据说把八百义军全部活埋；在福建任提点刑狱公事时，为了震慑海盗，他上任第一天就把全部犯人杀掉……铁腕治理让他收获了恶名。

纵观朝臣对辛弃疾的弹劾理由，全是“奸贪凶暴”“虐害田里”“用钱如泥沙，杀人如草芥”“凭陵上司”；再比如“席卷福州，为之一空”“好色贪财，淫刑聚敛”，等等。

辛弃疾是个有大追求却不拘小节的人，他在这些事情上说不清楚，历史也没有明确记载，但这并不妨碍他痴痴爱国心，并不影响他卓越的政治才干、杰出的文学成就。虽然没能在疆场上实现快意杀敌的愿望，但作为一代词人，他的词境界开阔，在高远理想的基石上饱含炽热情感，多抒发英雄豪情及内心悲愤。“词坛飞将军”的形象，征服了一代又一代读者的心灵。

他的词能读出一种力量、一种激情。每当国家、民族陷于危亡时刻，那些致力于人民福祉的仁人志士便会从辛弃疾的词中寻找前进的方向和力量。“将军百战身名裂。向河梁、回头万里，故人长绝。易水萧萧西风冷，满座衣冠似雪。正壮士、悲歌未彻。”冲天豪壮与绝望交织，形成巨大的冲击力量！“醉里挑灯看剑，梦回吹角连营。八百里分麾下炙，五十弦翻塞外声。沙场秋点兵。”辛弃疾有时虽有多愁善感一面，但他的骨子里是一个真正的硬汉，一个有多面能力、不折不扣的英雄。

从碧血丹心到怅然若失，长期的不得志让辛弃疾变成了词界英雄。做词人，也是那种笔力扛鼎、气势磅礴的铁血词帝！

绝世才女有颗强大的心

李清照

李清照是宋朝词坛的一枝瑰丽而又清雅的花朵。这位被称为『千古第一才女』的词人出生于山东一个书香世家。父亲李格非官居礼部员外郎，母亲王氏是状元孙女。优秀的遗传基因赋予了李清照极高的文学悟性。她多才多艺，琴棋书画样样擅长。她拥有过最美好的婚姻，也经历了最凄凉的国破家亡。她以卓绝的才华写就的婉约词，熔铸了强烈的感情，首首都美得令人心醉。

快乐无忧的少年时光

古代女子不管家世背景如何，基本都逃不过在父母的严厉管教下，于闺房里低眉耷眼学习女红的过程。颜值高的不用太担心，长相没有优势的总要努力学点技能，可以为日后嫁个好人家增加一些砝码。李清照的父母是受过教育的人，思想很开明，他们没有约束李清照做这做那。这个小女孩儿由此过着自由自在的放养生活：渡船、采莲、荡秋千、打马（一种游戏）、踏青……无忧无虑的成长造就了她天马行空的思想境界。她性格活泼开朗，爱憎分明，并且有着敏锐的洞察力。这就使她的词在清新活泼、感情真挚、自然秀丽之外，又有着女子少见的豪迈自由之风，这些特点组合在一起，形成了超凡脱俗的易安体，使她在词史上占据了相当重要的位置。

李清照热爱自然，最喜欢与姐妹们划着小船在湖上游玩。一次喝多了，她们误闯了鹭鸟的地盘。女词人用调皮的笔触记下了当时的场景："常记溪亭日暮，沉醉不知归路。兴尽晚回舟，误入藕花深处。争渡，争渡，惊起一滩鸥鹭。"那次去溪亭，大家玩得太开心，喝得醉意醺然，直到天黑了才蓦然惊觉离岸老远，于是赶紧把船往回划，慌乱中将船划到了藕花深处，把正在休息的鸥鹭惊得扑棱棱地飞向天空。这首词动感十足，情景交融，将年轻人的贪玩、慌乱写得很传神。这样的小词，李清照经常信手拈来。

点绛唇·蹴罢秋千

蹴罢秋千，起来慵整纤纤手。露浓花瘦，薄汗轻衣透。

见客入来，袜刬金钗溜，和羞走。倚门回首，却把青梅嗅。

从秋千架上刚下来，薄薄的衣服全都被汗水浸湿了。摸着被秋千绳勒出印子的小手正自疼惜，忽然看到客人进来，忙害羞地往闺房跑。禁不住好奇，又很想再看看这个帅哥，便装模作样地嗅手里的青梅，倚在门边，回头偷偷拿眼瞅。李清照能写这类调皮生动、恍若微电影的情景小词，也能写深沉厚重的哲理大作。

渔家傲·雪里已知春信至

雪里已知春信至，寒梅点缀琼枝腻。香脸半开娇旖旎，当庭际，玉人浴出新妆洗。

造化可能偏有意，故教明月玲珑地。共赏金尊沈绿蚁，莫辞醉，此花不与群花比。

写这首词时，李清照 18 岁。这时的她，身上那种独到的观察力已经愈发老练成熟。在白雪皑皑的银色世界，一树寒梅点缀其间。就是这傲雪而放的梅花，让人们知道了春天就要到来的消息……词人盼望着春天，春天一来，又可以无忧无虑地约上姐妹喝酒游玩啦！可惜春天太短暂。李煜说：“桃花谢了春红，太匆匆，无奈朝来寒雨晚来风！”李清照对此可是有深刻体会的。

如梦令·昨夜雨疏风骤

昨夜雨疏风骤，浓睡不消残酒。试问卷帘人，却道海棠依旧。知否，知否，应是绿肥红瘦。

晚上风雨交加，词人喝了不少酒。第二天一觉醒来，看着春色渐渐走远，颇感可惜，于是掀开帘子，询问院子里的花儿怎样了。侍女漫不经心地回答：海棠依旧。这让词人有点愠怒：经过一夜的雨打风吹，必然是残花遍地，叶碎枝落，而侍女全无一点怜惜之心。她不由嗔怪道："知否，知否，应是绿肥红瘦。"

年轻的李清照贪玩，也很能喝酒，那些酒后的情形经常在词里溜出来，出卖了主人的状态。她留下的集子《漱玉词》里共有作品58首，其中有28首都提到了酒，而且词中的醉态从少年时一直延续到了老年。这在她婚后表现得尤为突出，由于丈夫赵明诚在外地做官，思念一袭来，李清照就喝酒研词，将词下酒，打发着每一分每一秒的难耐时光。

聚少离多，涓涓思念汇成词

那一年，李清照18岁，赵明诚还是个21岁的太学生。他偶然读了李清照的作品后，惊为天人，对这个女子的文采佩服得不得了，硬是央求朋友从中牵线认识了她。因欣赏而喜欢，因喜欢而情浓。两人你来我往，很快就谁也离不开谁了，加上门当户对，步入婚姻也就顺理成章了。

他们二人结婚时，李清照的父亲李格非在朝中做礼部员外郎，赵明诚的父亲赵挺之则作吏部侍郎，两家老父均为朝廷高官，两人又都是有为青年，是真正的门当户对、志同道合。李清照不仅嫁了官宦之家，嫁给了知识分子，还嫁给了爱情。小夫妻二人是出了名的登对，琴瑟和鸣。

那时，赵明诚的假期并不多，逢初一、十五可以告假回家与妻子团聚。回家前，他总是先到当铺当掉不穿的衣物，然后跑到相国寺市场买回喜爱的碑文。一回家，夫妻二人便迫不及待地"相对展玩咀嚼"。神秘的碑文将他们的思绪带向遥远的年代。古风习习中，他们一遍遍地探讨争辩，意趣无穷。二人在艺术的魅力与熏陶中沉醉不已，因而“自谓葛天氏之民也”。

公元1103年，赵明诚学业结束，正式步入仕途。当官之后，繁忙的公务一点儿也没影响爱好，淘金石、搞收藏、研究古文字…… 好的爱情就像一座桥，能让彼此走进对方的灵魂深处。共同的兴趣、相近的性格让两人的婚姻生活幸福指数羡煞旁人。

减字木兰花·卖花担上

卖花担上，买得一枝春欲放。泪染轻匀，犹带彤霞晓露痕。

怕郎猜道，奴面不如花面好。云鬓斜簪，徒要教郎比并看。

这种不畏世俗的对情感的大胆表达，于豪爽的女词人来讲是司空见惯的。作为大家闺秀，她没有一丝扭捏之态，身心的阳光是同时代的女子所不能相比的。

有诗有酒、有茗有曲。生活如此，夫复何求？李清照过的完全是有钱有闲、情趣高雅的贵妇生活。不过，再幸福的日子也总能找出遗憾：赵明诚大部分时间都在外地做官，少则数月、多则一年半载才回来一次。对于年轻新妇，忍受这样的聚少离多是多么痛苦！为了打发孤独，李清照更加依恋酒，时不时地就要小酌一下。

玉楼春·红酥肯放琼苞碎

红酥肯放琼苞碎，探著南枝开遍未。不知酝藉几多香，但见包藏无限意。

道人憔悴春窗底，闷损阑干愁不倚。要来小酌便来休，未必明朝风不起。

虽然心情不美丽，但梅花一年只开一次，赏梅这事儿必须有。李清照豪迈宣称：想要喝酒赏梅那就来吧，说不定明天就起风了，吹没了兴致岂不可惜！

思念是一种病，不同的人得了会有不同的结局。有人在酒杯里沦陷，有人在痛苦中抑郁。李清照则捧出优美词篇。

醉花阴·薄雾浓云愁永昼

薄雾浓云愁永昼，瑞脑消金兽。佳节又重阳，玉枕纱厨，半夜凉初透。

东篱把酒黄昏后，有暗香盈袖。莫道不销魂，帘卷西风，人比黄花瘦。

重阳佳节，一人独坐。女词人把思念斟满酒杯，然后对菊孤饮，在美好的回忆里穿越游走。孤独和寂寞虽不值得歌颂，但绝对是灵感的源泉、思想的沃土。一首《一剪梅·红藕香残玉簟秋》又横空出世：

红藕香残玉簟秋，轻解罗裳，独上兰舟。云中谁寄锦书来？雁字回时，月满西楼。

花自飘零水自流，一种相思，两处闲愁。此情无计可消除，才下眉头，却上心头。

刚刚舒展双眉，却又涌上心头。由表及里，由外入内，李清照的相思是伤筋动骨的。

隐居青州的快乐时光

北宋朝廷中，党派斗争激烈。章惇当宰相后召李格非为检讨官，掌修国史，李格非拒不就职，被外放。第二年，李格非被召回京城任校书郎、著作佐郎。蔡京当政时，开始排挤“元祐党”。李格非因名列“元祐党”而被罢官。而李清照的公公赵挺之却被蔡京看上，升为尚书右丞。

父亲落难，李清照怎能袖手旁观？她去央求公公出手相助，公公却表示无奈。李清照愤懑之下写了一首诗，诗中有这样一句：“炙手可热心可寒，何况人间父子情。”并不客气地说：你的地位越高，我的心越感到寒冷。赵挺之是现实主义者，出于对自己前途官运的考虑，没有理会儿媳的请求，任由亲家公倒霉。其实，这也不怪他无情，在严酷的派别之争中，即使他真出手也左右不了什么，弄不好还会把自己也拖下水。

宋朝时，理学思想已经形成，且孔子的“君君臣臣父父子子”思想占据着主导地位，人们都按照规矩安分守己地活着。作为一个女子，李清照却如此作风前卫地参与时事，评论当朝政事，真可谓大胆直率。她骨子里潜伏的男子气概终于露了出来。

公元 1107 年，赵挺之所在的改革派内讧，他被蔡京陷害，继而被夺去相位，不久就忧愤而死。赵明诚痛恨不已，可蔡京权倾朝野，自己人微言轻，根本无力为父亲报仇申冤。两家的父亲均遭遇不幸，给两人的婚姻也带来了沉重打击。赵明诚兄弟三人都被牵连入狱，之后又无罪释放。这些经历和变故让夫妻二人深感官场黑暗。为避祸，二人商量后索性离开了京城，回到了赵家故里山东青州，过起了隐居生活。

远离了恩怨是非，二人在青州一待就是十多年。李清照把居室改成了

“归来堂”“易安室”。一次，赵明诚看到妻子放在案几上的词作，很是不服气。李清照就提出互考，赢者品茶，输者只能闻味儿。结果，比了半天，赵明诚一口茶也没喝着。他们就这样，过着吟诗填词、撰写文赋，一起寻觅金石碑刻、古籍文物，专心致志做学问的生活。这段时光是李清照一生中最幸福的时光，神仙眷侣也不过如此。这期间，赵明诚去游览距青州约170里的名刹灵岩寺，而哪怕是短暂的分别也会让李清照思念不已。

念奴娇·春情

萧条庭院，又斜风细雨，重门须闭。宠柳娇花寒食近，种种恼人天气。险韵诗成，扶头酒醒，别是闲滋味。征鸿过尽，万千心事难寄。

楼上几日春寒，帘垂四面，玉阑干慵倚。被冷香消新梦觉，不许愁人不起。清露晨流，新桐初引，多少游春意！日高烟敛，更看今日晴未?

动荡不安中，丈夫离世

公元1121年，赵明诚被朝廷调任莱州太守。

李清照又开启了单身模式。没人一起读书、一起赏梅、一起斗酒比诗，日子过得很是寡淡。

宋朝时，官员蓄养家妓的现象很普遍，这是公务员的一项待遇。赵明诚也没有免俗。不过，他对李清照的感情还是深厚的。一次，赵明诚偶然得到一本白居易亲笔书写的《楞严经》，立刻骑马回家找李清照一起品鉴。不过是一幅字，两人就着茶一直欣赏到三更。所谓知音，就在于这份相知互懂。再晚也无睡意，再累也无怨言。但这种心心相印的感觉很快消失。天亮后，赵明诚头也不回地走了。李清照的心越发空旷，得知他在外地纳了小妾之后，心慌意乱，竟渐渐生出了疏离感。

凤凰台上忆吹箫·香冷金猊

香冷金猊，被翻红浪，起来慵自梳头。任宝奁尘满，日上帘钩。生怕离怀别苦，多少事、欲说还休。新来瘦，非干病酒，不是悲秋。

休休，这回去也，千万遍《阳关》，也则难留。念武陵人远，烟锁秦楼。惟有楼前流水，应念我、终日凝眸。凝眸处，从今又添，一段新愁。

他要走，即使唱上一万遍《阳关》曲，也无法将他挽留。他走了，我独守空屋，只有门前的流水眷顾我，从今往后又添一段新愁。

在《蝶恋花·暖雨晴风初破冻》里，这份寂寥仍是挥之不去：

暖雨晴风初破冻，柳眼梅腮，已觉春心动。酒意诗情谁与共？泪融残粉花钿重。

乍试夹衫金缕缝，山枕斜欹，枕损钗头凤。独抱浓愁无好梦，夜阑犹剪灯花弄。

结婚数年，李清照一直没有孩子。如果有个孩子，也许她的愁绪不会这么浓。

公元1127年，北宋最耻辱的一幕“靖康之难”上演了。这一年，赵明诚的母亲病逝，按规定，赵明诚要丁忧。于是，赵明诚决定带着李清照搬到江宁。动身之前，李清照一人去青州运送二人以前收藏的文物，路上恰逢乱兵，文物几乎全部损毁，这让她伤心欲绝。不久，赵明诚被任命为江宁知府。

公元1129年2月，江宁发生兵变。赵明诚鬼使神差地做了傻事：他不想着怎样击退叛兵，竟临阵脱逃，连夜翻墙，弃城而逃。这件事影响太坏了，赵明诚因此被罢官，为时人所不耻。李清照本来就不是完完全全的小鸟依人式的小女子，她有个性、有主见，有思想、有见解。此事发生后，她对赵明诚的为人有了别样看法，心里感到很失望。平静下来的赵明诚也认识到了自己的错误，不断地道歉认错。重归于好的二人准备再度隐居，重温青州十多年那段美好时光。可就在他们打算动身的时候，朝廷再度任命赵明诚为湖州知州。

这一次，赵明诚没有那么好命。48岁的他在赴任途中，感染了伤寒，不幸去世。

苦难经历重塑性格

李清照跌入了痛苦的深渊，她带着仅有的文物东躲西藏，辗转于杭州、越州、金华等地。在漂泊无定中，年近50岁、身心憔悴的李清照接受了一直觊觎她财物的张汝舟的求婚，嫁给了这个道貌岸然的感情骗子。闪婚仅三个月，他们便离婚了。这件事给了李清照很大的打击。结束这段不堪的经历后，她愈发想念北方的故乡。

菩萨蛮·风柔日薄春犹早

风柔日薄春犹早，夹衫乍著心情好。睡起觉微寒，梅花鬓上残。

故乡何处是，忘了除非醉。沉水卧时烧，香消酒未消。

国土沦丧之痛对于一个敏感的写作者是永远都挥之不去的。家园不再，亲人离去，自己流落江南，寂寞飘零，种种变故打击，李清照的愁已从一己之愁上升到了对国势前途的思考与担忧上了。

永遇乐·落日熔金

落日熔金，暮云合璧，人在何处。染柳烟浓，吹梅笛怨，春意知几许。元宵佳节，融和天气，次第岂无风雨。来相召、香车宝马，谢他酒朋诗侣。

中州盛日，闺门多暇，记得偏重三五。铺翠冠儿，捻金雪柳，簇带争济楚。如今憔悴，风鬟霜鬓，怕见夜间出去。不如向、帘儿底下，听人笑语。

历尽悲愁，李清照由一个处境优越的女子变成了一个风烛残年的妇人。生活中的欢乐似乎都在远去，她只能隔着帘子聊温一下旧梦。个人的悲欢是随着国势而变化的。人生暮年，思想深处的英雄气全出来了，词风与前期有了泾渭分明的变化：前期多写出游之乐、闺中寂寞、思念之情，无不婉约清丽；后期作品则柔中带刚、真爽豪迈，但又带着一股沉郁凄怆的情感。她热衷国事，主张北伐；对秦桧夫人大加鞭笞，要知道，那女人可不光是她的同性，还是她的亲表姐，她为自己有这样的亲戚而羞耻。对岳飞冤死，她悲愤难抑；对韩侂胄出使金国，她又壮怀激烈。她作了很多慷慨激昂的诗词。

乌江

生当作人杰，死亦为鬼雄。

至今思项羽，不肯过江东。

在《上枢密韩侂胄诗》中，她写道："欲将血泪寄山河，去洒东山一抔土。"苦难沧桑让女词人的作品充满凄楚，然又不甘。

渔家傲·天接云涛连晓雾

天接云涛连晓雾，星河欲转千帆舞。仿佛梦魂归帝所。闻天语，殷勤问我归何处。

我报路长嗟日暮，学诗谩有惊人句。九万里风鹏正举。风休住，蓬舟吹取三山去！

根据《金石录后序》记载，公元1130年春间，李清照曾在海上航行，历尽风涛之险。她借助于梦境幻想出一个童话世界。她向天帝倾诉着自己的遭遇，想要摆脱困境，像鹏鸟一样冲上九重天，或者驾一叶扁舟驶向仙境，从此不问世间事！这首大胆雄奇、壮阔豪迈的词作有如神来之笔，让人心头一震。

在《武陵春·春晚》里，她收起想象，又化身成一个楚楚可怜的小女子：

风住尘香花已尽，日晚倦梳头。物是人非事事休，欲语泪先流。

闻说双溪春尚好，也拟泛轻舟。只恐双溪舴艋舟，载不动许多愁。

她喜欢欧阳修的《临江仙》，仿其格调也写了一篇："欧阳公作《蝶恋花》，有'深深深几许'之句，予酷爱之。用其语作'庭院深深'数阕，其声即旧《临江仙》也：庭院深深深几许，云窗雾阁常扃。柳梢梅萼渐分明。春归秣陵树，人老建康城。感月吟风多少事，如今老去无成。谁怜憔悴更凋零。试灯无意思，踏雪没心情。"

在那个男尊女卑的时代，李清照太前卫了，她的思想太高深，看得太透彻。赵明诚活着时，她还有人理解；可赵明诚死了，这就注定了她在精神上是一个孤独的独行者。

一个封建时代的女子有独立的思想意识和渊博的学识，也许是一种不幸。在尘世的行走中，李清照只剩下了自己；在精神的旅途中，她也只有自己。苍天高高在上，大地四顾无人，只有悲愁，只有悲愁。《声声慢·寻寻觅觅》一字一泪，将这种心境一遍遍回放：

> 寻寻觅觅，冷冷清清，凄凄惨惨戚戚。乍暖还寒时候，最难将息。三杯两盏淡酒，怎敌他，晚来风急！雁过也，正伤心，却是旧时相识。
>
> 满地黄花堆积，憔悴损，如今有谁堪摘？守着窗儿，独自怎生得黑！梧桐更兼细雨，到黄昏，点点滴滴。这次第，怎一个愁字了得！

公元1155年，72岁的李清照孤零零地离开了人世。

李清照的作品中，题材除了写景咏物、伤春思念、游兴感怀，也有家国春秋、山河壮色。无论哪种，她下笔都是轻车熟路、得心应手。前半生，女词人过着有钱有闲的贵族生活，作品洋溢着快乐的基调。在金国的铁蹄践踏下，亡国之恨、丧夫之痛、离乱之忧和孤独之苦让她的笔调从浪漫多情转向凌厉凄苦、低调沉郁。

她是宋代也是中国文学史上最伟大的女词人，给我们留下了无比丰富的文学宝藏：《漱玉词》词集。其中收入她的词作不足60首，但首首都如珍珠般璀璨生辉。

作为“千古第一才女”，她的经历，她的作品，都值得细细研读。

用一辈子去追梦

陆游

公元1125年，陆游出生于浙江绍兴一个名门望族。自陆游高祖始，家中进士及第者16人。然而，公元1127年，金军南下攻破北宋首都东京（今河南开封），发生了令人恐惧与愤慨的『靖康之难』。父亲带领家眷投奔民间抗金群体，辗转逃难。这段『儿时万死避胡兵』的惨痛经历，以及『靖康之难』的重重阴影，对陆游幼小的心灵造成了极深的影响。父辈每谈国难总是怒发冲冠，给他的全是『少小遇丧乱，妄意忧元元』的爱国主义教育。这种成长环境几乎贯穿于陆游的少年时期。耳濡目染下，年岁渐长的陆游立下了『上马击狂胡，下马草军书』的伟大志向。

来之不易的第一名

陆游的梦想是通过科考走进官场，实现报国梦。

有青梅竹马的表妹唐婉倾心相伴，他的读书生涯并不枯燥。公元 1143 年，陆游信心满怀地走进了考场。因文章持主战观点，与当权者观点相左而榜上无名。

第二年，19 岁的陆游和表妹成婚。婚后，俩人谈诗论赋，耳鬓厮磨，幸福生活让陆游渐渐把功名之事抛到了脑后。陆游的母亲惯使大家长作风，性格强势，她见儿子不思进取，认为都是儿媳的错。老太太愣是逼着儿子休掉唐婉，另娶了王氏之女。而唐婉不久也改嫁了赵士程。陆游与唐婉的美满婚姻只持续了短短三年。

休掉唐婉是陆游这辈子最大的遗憾。没有了唐婉，他像丢了魂儿一样，手里捧着书本，心思在往事里游荡。科考之路因此而加倍延长，准备了很久很久，他才攒足底气走进考场。

会有什么样的经历在等着他呢？

宋高宗是个经历比较特殊的皇帝。他曾被金兵追着打，陆地、山谷、近海轮番躲藏，一直亡命天涯。胆战心惊的逃亡生涯让他极度渴望和平，骨子里根本不想与金兵交手，更不想收复什么失地。他大概想的是：真收复了失地，把被金军掳走的父亲和哥哥迎回来，那皇位还有他的份儿？过安稳生活才是他的最高追求。因此，宋高宗对主和派秦桧言听计从，权势熏天的秦桧趁机大肆拉帮结派。宋代史学家徐梦莘说："由是中外大权尽归于桧，非桧亲党及昏庸谀佞者，则不得仕宦，忠正之士，多避山林间"。

公元 1153 年，28 岁的陆游答完了卷子，他那才华横溢的文章深深地打动了主考官陈之茂。陈之茂充满正义感，无视秦桧淫威，冒着巨大风险将陆游判为第一名。此举让秦桧火冒三丈！早在考试前，他就把一大批亲信弄到了副考官的位置，这些人对秦桧的意图自然心领神会，届时将按计划将秦桧不到一岁的孙子秦埙录为头名状元。而陈之茂居然拂了秦桧面子，将那个襁褓里的小屁孩儿录为了第二。一场灾祸眼看就要降临陈之茂头上，幸好秦桧在身边人的极力劝阻下改变了主意，毕竟录取婴儿这事传出去太过轰动。不过，秦桧也不亏，虽然孙子没中状元，但他的侄子秦焞、秦焴、姻亲沈兴杰、朋党周夤都得到了进士头衔。

陆游就在这一干实权人物的夹击中拔得了这来之不易的头筹，是福还是祸？

公元 1154 年，陆游又参加了复试——礼部考试，正直的主考官再次将陆游排在秦埙之前。这回，秦桧终于大发雷霆，直接将主考官降职，陆游除名！

一个爱国青年的豪情壮志、报国情怀、安天下的大梦就这样破灭了。这一次，陆游既失去了考试资格，又求职无门，成了一名落魄的待业男。

十年之后偶逢唐婉

无所事事的陆游不知道方向在哪里，靠东游西逛打发时光。一天，他信步走到了绍兴会稽著名的园林胜地——沈园中，回想起记忆中的唐婉……突然，一个熟悉的身影真真切切地闯入了眼帘。他使劲儿揉了揉眼睛，没错，真的是唐婉！

自离婚后一别十年，她的身影只在梦里和回忆中无数次出现过，如今竟真的近在眼前。看着当年的妻子如今的消瘦模样，陆游的心仿佛被撕成了碎片，他真后悔，不该屈服于母亲的威严与表妹离婚。唐婉见到他后，惊喜之余更是犹如百箭穿心，忍不住泪珠打转儿。身边的丈夫赵士程将这一切都看到了眼里，心中颇为不忍，他也是个大度的君子，于是借故回避，并差人送来了酒菜。

爱情这杯酒谁喝都得醉，何况这是一杯苦酒！前尘往事一幕幕闪现，那些曾经的幸福片段撕扯着陆游的记忆。满含着悔意、不舍，陆游一饮而尽，然后提笔，一气呵成地在沈园墙上写下了《钗头凤·红酥手》：

钗头凤·红酥手

红酥手，黄縢酒，满城春色宫墙柳。东风恶，欢情薄。一怀愁绪，几年离索。错、错、错。

春如旧，人空瘦，泪痕红浥鲛绡透。桃花落，闲池阁。山盟虽在，锦书难托。莫、莫、莫！

被迫与唐婉离婚的那种伤感与痛楚，在这次偶然的相逢中，再次让陆游痛彻心扉。写完这首词，他伤心欲绝，踉踉跄跄黯然离去。

唐婉的情形也好不到哪去。回到家中的她想起陆游，念起那首词，辗转反侧，泪流不止。她拿起笔，和了一首《钗头凤·世情薄》：

世情薄，人情恶，雨送黄昏花易落。晓风干，泪痕残。欲笺心事，独语斜阑。难、难、难！

人成各，今非昨，病魂常似秋千索。角声寒，夜阑珊。怕人寻问，咽泪装欢。瞒、瞒、瞒！

沈园一见，对二人俱是折磨，尤其是唐婉，心中百转千回，痛苦难解。郁郁寡欢的心境让她的身体越来越差。不久，痴情才女竟大病一场，郁郁而终。陆游知道这个消息，更加重了心中痛楚。后来，他数度游览沈园，只为拣拾追忆，能与唐婉梦中一见。

公元 1199 年，74 岁高龄的陆游往游禹迹寺，他登上高处眺望南面的沈园，心思恍惚间，仿佛又看到了那熟悉的身影。“城上斜阳画角哀，沈园非复旧池台，伤心桥下春波绿，曾是惊鸿照影来。”（《沈园二首》其一）桥下之水依然碧绿，她的倩影曾如惊鸿飘来…… “梦断香消四十年，沈园柳老不吹绵。此身行作稽山土，犹吊遗踪一泫然。”（《沈园二首》其二）唐婉已逝 40 余年，斗转星移，沈园柳树已老，飞绵不再，“我”终究会化作会稽山的尘土，日日凭吊怀念，却只能黯然泪下。即使进入古稀之年，那种浸透悔意的怀念也从未消失。

报国梦一度破灭

公元 1158 年，距秦桧死去已有三年。高宗总算想起了陆游，安排 33 岁的他到福州宁德县做主簿（秘书长）小官。陆游把对唐婉的思念深埋心底，决定告别过去，开启心中一直萦绕的那个宏大的梦——报国。

处理政务之余，陆游经常与县尉朱景参一起喝酒聊天。慢慢地，两人交上了朋友。在同游北岭的时候，陆游写下了《出县》：

出县

匆匆簿领不堪论，出宿聊宽久客魂。

稻垅牛行泥活活，野塘桥坏雨昏昏。

槿篱护药才通径，竹笕分泉自遍村。

归计未成留亦好，愁肠不用绕吴门。

还县

霁色清和日已长，纶巾萧散意差强。

飞飞鸥鹭陂塘绿，郁郁桑麻风露香。

南陌东村初过社，轻装小队似还乡。

哦诗忘却登车去，枉是人言作吏忙。

陆游当的这个小官人微言轻，每天鸡毛蒜皮的事层出不穷，根本没有精力寻求报国途径，苦闷包围着他。

公元 1161 年，金朝由于内讧，只得向南宋讲和。宋高宗扔下烂摊子，当了太上皇，将皇位让给了太子赵昚，是为宋孝宗。

陆游时时刻刻都在关注着京城形势。随着时间流逝，他愈加感到自己距京城天遥地远，职微言轻，这样下去，恐怕一辈子也得不到报国机会。宋孝宗是个行动派，上位之初积极主张抗金——转机来了。宋孝宗听说陆游有才又主张抗金，便召见了他，赐进士出身，调任镇江府通判。

为了能参与到收复中原的事业中，陆游主动接近被皇帝重用的主战派老将张浚，提出了许多中肯可行的政治军事主张。可一意孤行的张浚并没有采纳陆游的建议，而是按照自己那一套，贸然出征与金兵交战，结果被打得落荒而逃。开局如此不利，使年轻的宋孝宗一下子失去了斗志，主和派趁机抬头。经过密谋与运作，公元 1164 年，宋金双方签订了“隆兴和议”，规定南宋依旧每年要向金国交纳“岁币”。南宋聚之不易的财力再次以这种屈辱的方式主动向金国转移。

张浚兵败被罢官后，有人造谣说张浚北伐是陆游鼓动的结果。朝廷也不调查，就以“鼓唱是非，力说张浚用兵”的罪名将陆游削职还乡。

激情燃烧的岁月

陆游积极投身抗金斗争，没想到却是这样的结果。他黯然离开伤心地，回到了家乡山阴县。

闲居岁月，笔不离手。纯朴的乡村、丰足的生活、家乡的山山水水给了陆游很多慰藉。

游山西村

莫笑农家腊酒浑，丰年留客足鸡豚。

山重水复疑无路，柳暗花明又一村。

箫鼓追随春社近，衣冠简朴古风存。

从今若许闲乘月，拄杖无时夜叩门。

对于心里有梦的人来说，如果没有奋斗在追梦的路上，反而过着无所事事的乡居生活，那越是美好、越是闲适，越是让人心焦难安。不错，这样的好日子应该是常态，人人都应该好好地拥抱它，可是金国的铁蹄不离开，这样的好日子焉能长久？中原沦陷，南方岌岌可危，自己却躺在这里歌唱田园，实在太不该！对有着满腔赤诚报国情怀的人而言，任何丁点儿的享受都会让人惭愧。陆游那颗拳拳爱国之心从来就没有平静过：

闻雨

慷慨心犹壮，蹉跎鬓已秋。

百年殊鼎鼎，万事只悠悠。

不悟鱼千里，终归貉一丘。

夜阑闻急雨，起坐涕交流。

有心杀贼，可是没有战场。脱下官衣的陆游，主战的心愿更加坚定，上战场统兵打仗的念头越来越强烈。机会在哪里？只能把这个梦一遍遍地写进诗里，说给自己听。

他在幻想中继续等待着。闲居几年后，公元 1170 年，45 岁的陆游接到了朝廷要他到夔州（今重庆水都）任通判的通知。这让他欣喜若狂，因为驻守川陕交界南郑一带的王炎是主战派的领袖人物。这不意味着战争就要打响了吗？王炎在政治军事上都很有才能，全盘掌握着西北的军权、财权和人权。他早就听说过陆游的才干，于是聘他为幕府的干办公事，主抓军务。陆游心情大好，多年的报国愿望就要实现！他毫无保留地提出了大量守城防攻的要点和计划，数次向王炎献计献策。

南宋西北边境上的南郑周围全是地形险要之处，现在梦就在眼前，伸手就可以抓住，一切艰难险阻在陆游眼里都可克服。他攀山越岭，涉峰过滩，克服了难以想象的困难，数次往来南郑和前线之间观测地形，侦察测量，接触群众，了解敌情，然后形成大数据，为将来举兵北伐做充足的准备。这期间，陆游整个人仿佛年轻了 20 岁，浑身充满了激情与斗志，他信心满怀，活力无限。就在陆游日夜练武，准备跟随王炎痛击金兵时，朝中的投降派听说王炎的计划后拼命阻挠。结果，王炎被召回朝，幕府随即被解散。陆游的一腔热血和良言上策转头成空，慷慨激昂的战争梦只维持了短短八个月。

这八个月，是陆游最接近理想的时段，他着戎装，骑战马，驰骋在西北边防前线。这一期间，他射猎深山，亲刺猛虎，饮酒赋诗，畅想胜利。饱满的激情浸泡得文笔更加成熟，他大量汲取现实题材，形成了悲壮宏丽的诗风。如今，王炎离去，孤身一人的陆游再次体味到了前途渺茫、报国无门的苦楚。

木兰花·立春日作

三年流落巴山道，破尽青衫尘满帽。身如西瀼渡头云，愁抵瞿塘关上草。

春盘春酒年年好，试戴银旛判醉倒。今朝一岁大家添，不是人间偏我老。

这时的陆游已是人到中年。其实，他在夔州只待了不到一年，一开口却夸张地说“三年流落巴山道”，大有壮志不得酬之愤，所以词中颇有抱怨之意。

泪成《剑南诗稿》

无可奈何的陆游拖着疲惫的身躯来到了成都，任成都安抚使参议官，参与军事谋划。

即事

渭水岐山不出兵，却携琴剑锦官城。
醉来身外穷通小，老去人间毁誉轻。
扪虱雄豪空自许，屠龙工巧竟何成。
雅闻岷下多区芋，聊试寒炉玉糁羹。

复官罢官、得失错落、梦醒梦灭、兴奋沮丧，情绪的大起大落最容易让疾病乘隙而入。陆游病倒了。

病起书怀

病骨支离纱帽宽，孤臣万里客江干。

位卑未敢忘忧国，事定犹须待阖棺。

天地神灵扶庙社，京华父老望和銮。

出师一表通今古，夜半挑灯更细看。

他依然牵挂着天下百姓，忧虑着国家的命运走向。理想长期落空，爱国情怀无处落脚，陆游又恢复了诗酒歌相伴的日子。

参议官是个空衔，根本就无事可做。病愈的陆游常常戴着旧帽子，提着破酒壶，醉醺醺地在山林间穿越暴走，像个疯子似的时而高吟、时而长哭。

三月十七日夜醉中作

前年脍鲸东海上，白浪如山寄豪壮。

去年射虎南山秋，夜归急雪满貂裘。

今年摧颓最堪笑，华发苍颜羞自照。

谁知得酒尚能狂，脱帽向人时大叫。

逆胡未灭心未平，孤剑床头铿有声，

破驿梦回镫欲死，打窗风雨正三更。

整天浑浑噩噩、半梦半醒的日子不知过了多久，陆游又被调任蜀州通判，接着又任四川制置使范成大幕府参议官。身份虽变，但梦空了，心死了，浑身的激情都在南郑消耗殆尽，再也提不起精神了。眼下的生活不过是苟延残喘。每天疯疯癫癫、糊里糊涂。同事们都笑他“不拘礼法，恃酒颓放”。陆游陷在悲伤里无力自拔。真能身心合一也好，而陆游不管在田园里待着、在酒精里睡多久，还是眼下这样得过且过，他的心始终是那颗不变的爱国心，情始终是那拼却生命为国一战的真豪情。他为着这种情绪的不能落脚而失落郁闷、悲伤痛苦。他知道自己太消极了，既然变成了颓废哥，干脆自号“放翁”吧，呈现给世人的是饮酒寻乐的形象，看上去似乎旷达颓放，实则内心盛满了愤慨和悲哀。

关山月

和戎诏下十五年，将军不战空临边。

朱门沉沉按歌舞，厩马肥死弓断弦。

戍楼刁斗催落月，三十从军今白发。

笛里谁知壮士心，沙头空照征人骨。

中原干戈古亦闻，岂有逆胡传子孙。

遗民忍死望恢复，几处今宵垂泪痕。

临边不战的将军只知寻欢作乐，沦陷区的父老只能忍死垂泪……陆游对南宋朝廷文恬武嬉、不恤国难的态度做了无情痛斥！对沦陷区的百姓遭遇，他则给予了深切同情。

驿站外，断桥边，寂寞寒梅独立枝头，同形单影只的自己多么相似！

卜算子·咏梅

驿外断桥边，寂寞开无主。已是黄昏独自愁，更着风和雨。

无意苦争春，一任群芳妒。零落成泥碾作尘，只有香如故。

清醒时，陆游一遍遍看着镜子里的自己，似乎看到了将来。如果真的就这样成为废人，平生理想就真的成过眼云烟了。他已经在川、陕两地待了9年了。这期间，全靠诗支撑着那个遥远的复国梦。300多首诗，里面包裹的全是坚定的理想。这份火热，足以烘干那些悲愤难掩的泪水。

为纪念这段在川、陕度过的军旅生活，陆游把自己一生创作的诗作全部集中到一起，整理成了一部厚重的诗集，名字就叫《剑南诗稿》。

不良情绪是一场苦役

自己的心结自己解，陆游逼着自己振作起来。公元1180年，55岁的陆游打起精神，赴江西抚州任江南西路常平茶盐公事（掌管茶、盐税收）。

赴职途中别有风景，但并不能抵消伤感。自己已经到了知天命之年，离梦想却还是那么遥遥无期。愁绪和苦闷是孕育作品的温床。

南乡子·归梦寄吴樯

归梦寄吴樯，水驿江程去路长。想见芳洲初系缆，斜阳，烟树参差认武昌。

愁鬓点新霜，曾是朝衣染御香。重到故乡交旧少，凄凉，却恐他乡胜故乡。

当陆游辗转奔波地来到抚州时，现实为他展现了一幅凄惨画面：当地先是大旱，接着又发洪水。陆游把旱情收录笔端："嘉禾如焚稗草青，沉忧耿耿欲忘生。钧天九奏箫韶乐，未抵虚檐泻雨声。"然后紧急上奏朝廷"拨义仓赈济，檄诸郡发粟以予民"。居庙堂之高忧其民，处江湖之远忧其君，很多时候，这都是文人的一厢情愿。陆游将一颗心急火燎的心寄往朝廷，可朝廷回复的只有冷冰冰的空气和无边的沉默。民众的情况越来越不乐观，饥民死伤无数。陆游实在忍不住了，一着急，竟擅自开仓放粮，并主动到周边地区去视察灾情。这一举动被给事中（常侍从皇帝左右的官）赵汝愚狠批一通，旋即上奏皇帝，陆游即被免职，再次回到了家乡，这一待又是 6 年。

已值耳顺之年的陆游，想起一生蹉跎，不由得心绪难平。眼见报国梦一次次被投降派扼杀，陆游胸中怒气冲天，一腔《书愤》喷薄而出：

早岁那知世事艰，中原北望气如山。
楼船夜雪瓜洲渡，铁马秋风大散关。
塞上长城空自许，镜中衰鬓已先斑。
出师一表真名世，千载谁堪伯仲间！

余生岁月里，陆游不断地被启用，又不断地被罢职，原因皆是由于坚定的抗金主张与当权者背道而驰。

公元 1186 年春，61 岁的陆游奉诏入京，接受严州（今浙江建德县梅城镇）知州的职务。赴任之前，须先到临安觐见皇帝。陆游住在西湖边上的客栈里听候召见。漫无聊赖的等待中，穿越往复的前尘往事点燃了诗人的灵感。他提起笔，写下了这首广泛传诵的名作：

临安春雨初霁

世味年来薄似纱，谁令骑马客京华。
小楼一夜听春雨，深巷明朝卖杏花。
矮纸斜行闲作草，晴窗细乳戏分茶。
素衣莫起风尘叹，犹及清明可到家。

陆游在浙江干了两年，因上奏劝谏朝廷减轻赋税遭弹劾，结果以“嘲咏风月”的罪名再度被罢官。这次，陆游退隐山阴故居，一待就是 12 年。这期间，陆游的心境依然苦闷。他常常在风雪交加之夜，伴着微弱的灯光，在往事中游走。想起在川陕交界度过的那段激情澎湃的日子，唯清泪一串、长歌一曲。

诉衷情·当年万里觅封侯

当年万里觅封侯，匹马戍梁州。关河梦断何处？尘暗旧貂裘。

胡未灭，鬓先秋，泪空流。此生谁料，心在天山，身老沧洲。

陆游已是蹒跚老人，可爱国情怀丝毫未随年龄而消退。在一个风雨大作的夜里，诗人触景生情，由情生思，在梦中实现了自己金戈铁马驰骋中原的愿望。

十一月四日风雨大作

僵卧孤村不自哀，尚思为国戍轮台。

夜阑卧听风吹雨，铁马冰河入梦来。

那个一辈子没实现的梦碎了

就在陆游以为余生再也北伐无望时，传来了韩侂胄要北伐的消息。

韩侂胄是宋高宗的亲外甥，靠裙带关系进入官场。这个坚定的抗金派果断地把陆游调进朝廷。在报国梦的激励下，陆游仿佛年轻了 20 岁，浑身焕发出无限活力。他点灯熬夜，不辞劳苦地整理出一套详细的北伐策略和方案。当他满怀期待地来见韩侂胄时，韩侂胄却指着一堆史料让他整理。

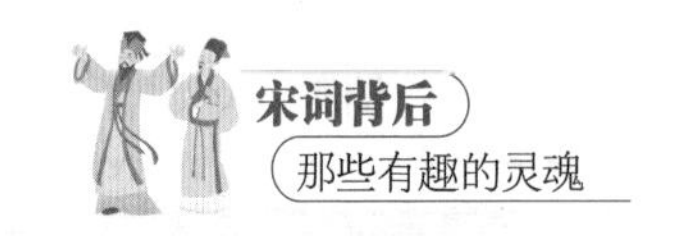

陆游瞬间明白了，原来韩侂胄只是利用他的声望来巩固地位。看透后，陆游掉头而去。现实很快就应验了他的猜测：由于韩侂胄用人不当，北伐失败。南宋再次向金国求和。这次，金国怒了，他们对软弱油滑的南宋提出了苛刻的要求：割地赔款，外加韩侂胄的人头。

南宋统治者把自己的生命看得太重了，贪恋富贵到了令人发指的地步，即使这一切用屈辱来换也毫不犹豫。朝廷决绝地杀掉了韩侂胄。这个举动让耄耋之年的陆游感到绝望。生命就快要走到尽头了。一个人临终前，大都会对一直得不到的东西不再耿耿于怀。可陆游仍痴痴不忘，仍不愿彻底放下。他相信，念念不忘必有回响。只要一息尚存，就要将毕生信念推广出去。他把儿孙们叫到跟前，将自己的毕生心愿凝练进了《示儿》中，留下了史上最动人的遗嘱：

死去元知万事空，但悲不见九州同。
王师北定中原日，家祭勿忘告乃翁。

公元 1210 年，85 岁的陆游与世长辞。长寿让他留下了丰厚的作品：9 300 多首题材广泛的诗歌，触及了社会的各个层面，为我们了解南宋的社会风貌提供了最好的导引。

这位老诗人一生经历了四任皇帝：高宗赵构、孝宗赵昚、光宗赵惇、宁宗赵扩。没有一位成全他的爱国梦！究其一生，他大部分时光都在闲居，在闲居中追逐、接近梦想。正因为收复失地这个梦，陆游的一生才显得那么有温度、有力量。他自始至终地坚持抗金理想，矢志不渝。从青年时期遵从母命与表妹唐婉离婚，堕进痛苦深渊，到在政治上力主抗金却频遭打击，陷入颓放迷途，陆游的命运一直磕磕绊绊。但他从未忘记表妹，从未放弃抗金。爱让他将苦闷酿造成诗，梦让他将逆流化作动力，一次次地在失落中振作起航。在金戈铁马的漫天风尘中，他一直心怀复国壮志，这使他的诗雄浑豪迈、奇伟壮丽；而长久闲居也激发出其作品的浪漫主义色彩，令其作品中有闲适细腻的一面，在平凡的日常生活中展现出慢生活的美。无论何时何地，收复失地这个念头都贯穿了陆游一生，串起了所有破碎动荡却从未消失的梦："逆胡未灭心未平，孤剑床头铿有声。"

人是需要梦的。梦日复一日地鼓舞着陆游，一直到85岁，也没有放弃。